ENDOMARKETING
de A a Z

ANALISA DE MEDEIROS BRUM

ENDOMARKETING de A a Z

COMO ALINHAR O PENSAMENTO DAS PESSOAS À ESTRATÉGIA DA EMPRESA

Copyright © 2010 Analisa de Medeiros Brum
Copyright © 2010 Integrare Editora e Livraria Ltda.

Publisher
Maurício Machado

Supervisora editorial
Luciana M. Tiba

Coordenação e produção editorial
Nobreart Comunicação

Preparação de texto
Adir de Lima

Revisão
Adir de Lima
Rinaldo Milesi

Projeto gráfico de capa
Nobreart Comunicação
Núcleo Editorial HappyHouse

Projeto gráfico de miolo / Diagramação
Nobreart Comunicação

Foto de quarta capa
Marcus Vinícius Martins

**Dados Internacionais de Catalogação na Publicação (CIP)
(Câmara Brasileira do Livro, SP, Brasil)**

Brum, Analisa de Medeiros
Endomarketing de A a Z: como alinhar o pensamento das pessoas à estratégia da empresa / Analisa de Medeiros Brum. -- São Paulo: Integrare Editora, 2010.

Bibliografia.
ISBN 978-85-99362-48-8

1. Administração de pessoal 2. Comportamento organizacional 3. Cultura organizacional 4. Marketing 5. Mudança organizacional 6. Organizações - Administração 7. Planejamento estratégico 8. Serviço ao cliente I. Título.

10-01351   CDD-658.8

Índices para catálogo sistemático:
1. Endomarketing: Administração de empresas 658.8

Todos os direitos reservados à
INTEGRARE EDITORA E LIVRARIA LTDA.
Rua Tabapuã, 1123, 7º andar, conj. 71-74
CEP 04533-014 – São Paulo – SP – Brasil
Tel. (55) (11) 3562-8590
Visite nosso site: www.integrareeditora.com.br

Este livro é dedicado ao meu irmão, amigo e sócio **Rinaldo**, por compartilhar comigo o talento e a capacidade que possui para cuidar de um negócio.

Prefácio

A comunicação é um tema presente e fundamental em todas as organizações e, ao mesmo tempo, um grande desafio para os gestores. Apesar de sua prática diária e corriqueira nas empresas, não tenho dúvida que uma boa parte dos problemas organizacionais é causada por falhas nos sistemas de comunicação existentes.

Muito se discute, muito se lê, mas, no dia a dia, a grande dificuldade é a aplicação de todos estes conceitos na interrelação entre os profissionais que compõem o mundo empresarial.

É preciso lembrar que entre interlocutores há sempre a possibilidade de ruídos e que, desses ruídos, surgem eventualmente conflitos que prejudicam a organização, extrapolando, por vezes, os limites do âmbito profissional para se tornarem problemas pessoais.

O uso eficiente e correto da comunicação é, portanto, um dos grandes desafios das lideranças, pois quanto mais clara e direta a sua mensagem, maior a sua credibilidade junto às suas equipes. Em contrapartida, a boa comunicação estimula mais comunicação e estabelece-se assim um fluxo natural de interação que, reforçado pela prática do *feedback*, contribui para o fortalecimento das relações interpessoais e para a construção de um clima organizacional mais positivo e produtivo.

Recomendo que o conhecido "problema de comunicação" seja encarado com seriedade e com a assessoria de profissionais experientes e competentes que possam, dentro do contexto mais amplo do Endomarketing, analisar a cultura empresarial, seus valores e suas práticas de gestão para, a partir de um profundo conhecimento da organização, propor a construção de um sistema consistente de comunicação.

Tendo vivenciado e participado ativamente desse processo em minha trajetória na Lojas Renner, aceitei, com prazer, o convite feito pela Analisa, profissional que aprendi a respeitar pelos inúmeros anos em que tem contribuído para a melhoria do nosso sistema de comunicação interna.

Aproveito aqui para compartilhar duas experiências que evidenciam a importância de estruturar um sistema consistente de comunicação. Lojas Renner, empresa em que atuo desde 1991, passou por duas mudanças significativas em um curto espaço de tempo: em 1998, a companhia, então familiar, foi adquirida por uma das maiores redes varejista dos Estados Unidos e, cerca de sete anos depois, em 2005, praticamente 100% de suas ações foram colocadas à venda na Bolsa de Valores, transformando a companhia na primeira *Corporation* brasileira, com seu capital distribuído entre milhares de acionistas e sem um acionista controlador.

Como atravessamos esses importantes desafios? Como conseguimos manter a cultura e a essência da companhia até os dias de hoje? Como mantivemos a equipe coesa durante esses períodos de transição? Em parte porque construímos e utilizamos um sistema formal de comunicação, que esclareceu todas as questões pertinentes e divulgou as informações necessárias, evitando assim os boatos e neutralizando possíveis impactos no clima organizacional e, consequentemente, no desempenho do negócio.

Costumamos dizer a verdade com clareza e transparência, mas também com esmero, atentos ao impacto que uma mensagem pode causar nas pessoas que constroem, a cada dia, a nossa companhia. E este é o segredo do Endomarketing: dar a correta forma à mensagem e usar eficientemente os canais formais de comunicação.

O Endomarketing jamais poderá ser entendido como um modismo. Pelo contrário, trata-se de uma rede de canais estruturados de comunicação, com o objetivo de que líderes e liderados possam se comunicar de forma eficiente e compartilhar um ambiente saudável, que proporcione realização e felicidade aos profissionais.

Reflitamos sobre todos os conceitos trazidos ao longo da leitura deste livro e, principalmente, façamos um aprendizado através dos *cases* relatados. Que possamos todos ter melhores práticas de gestão de pessoas através de um processo estruturado de comunicação interna. Boa leitura.

José Galló
Diretor-Presidente de
Lojas Renner S.A.

Sumário

Prefácio de José Galló 7

Introdução 13

Capítulo 1: As muitas visões do endomarketing 17

Capítulo 2: Bendito seja o público interno 29

Capítulo 3: Cada conceito no seu lugar 39

Capítulo 4: Demandando endomarketing 47

Capítulo 5: Encantando pelo conteúdo 65

Capítulo 6: Formatando a ideia 73

Capítulo 7: Ganhando o mundo 85

Capítulo 8: Há quem diga que isso vai acabar 93

Capítulo 9: Informação: principal caminho para a motivação 99

Capítulo 10: Juntando pessoas, áreas, unidades e empresas 105

Capítulo 11: Liderança: o melhor caminho para a informação 121

Capítulo 12: Motivação: uma responsabilidade a ser dividida 131

Capítulo 13: Nunca espere 100% de resultado 143

Capítulo 14: Ouvindo o público interno 147

Capítulo 15: Planejamento estratégico de endomarketing 159

Capítulo 16: Quando e como lançar um processo 205

Capítulo 17: Resultados: como mensurar 209

Capítulo 18: Sabendo manter 221

Capítulo 19: Treinando lideranças para a comunicação face a face 225

Capítulo 20: Unificando comportamentos 233

Capítulo 21: Vendendo a imagem para dentro 237

Capítulo 22: Xingar o funcionário é errado 241

Capítulo 23: Zelando pelas pessoas 253

Bibliografia 255

Introdução

Como alinhar o pensamento das pessoas aos objetivos estratégicos da empresa. Esse tem sido o grande desafio das lideranças empresariais, acredito que em todo o mundo.

A verdade é que não existe uma fórmula pronta. O que existe são técnicas e estratégias de Comunicação e de Marketing que, se adequadas à realidade e ao modelo de negócio da empresa, podem produzir efeitos surpreendentes.

Apresentar e comentar essas técnicas e estratégias é o que se propõe este livro. Procurei escrevê-lo como se estivesse realizando uma palestra ou simplesmente contando histórias das quais participei ativamente: do planejamento à implementação.

E enquanto palestrante imaginei estar falando para empresários, diretores e gerentes de Comunicação Social, de Marketing e de Recursos Humanos, além de profissionais que possuem o desafio de planejar e implementar processos de endomarketing nas empresas para as quais trabalham.

Imaginei, também, falar para alunos dos mais diversos cursos que optam por realizar seu trabalho de conclusão sobre esse tema e necessitam de exemplos reais para ilustrar a tese defendida.

Esse contar de histórias está alicerçado em muitos anos de estudo e trabalho. Desde que decidi me dedicar exclusivamente ao endomarketing, venho reunindo experiências e construindo a minha própria teoria sobre o assunto.

A convivência com grandes e influentes empresas, ao longo de dez anos à frente da HappyHouse – Agência de Endomarketing, coordenando os esforços de planejamento e atendimento, me permitiram colecionar uma série de informações e transformá-las em conhecimento para então repassá-las através de livros como este.

Quando me perguntam o que faço, costumo responder que dirijo uma agência de propaganda interna. É uma agência de propaganda como qualquer outra. A única diferença é o fato de estarmos focados na "comunicação para dentro", da empresa com os seus empregados.

O nosso dia a dia é, portanto, dar valor e visibilidade à informação que existe dentro das empresas, de forma que o público interno consiga entender seus objetivos, estratégias e processos de gestão, mas principalmente consiga vibrar com os resultados obtidos.

Para isso, desenvolvemos canais, instrumentos e ações que merecem ser compartilhados e que certamente servem de exemplo para as empresas que desejam estabelecer uma aproximação maior com o seu público interno e consequentemente melhorar o seu clima organizacional.

São exemplos que não só justificam a defesa teórica colocada no livro, mas representam a corporificação do endomarketing, quando ele deixa de ser apenas conhecimento para transformar-se em prática.

Analisa de Medeiros Brum
Janeiro/2010

Capítulo 1

Analisa de Medeiros Brum

As muitas visões do endomarketing

A Comunicação e o Marketing Interno estão diretamente relacionados com a gestão de pessoas nas empresas.

Henry Ford, dizia: *o problema é que cada vez que eu preciso de um par de mãos, vem sempre um ser humano junto com elas...*

Para construir os carros que o tornaram um empresário conhecido no mundo todo, Henry Ford precisava apenas de pares de mãos. Mas com esses pares, vinha sempre o ser humano com toda a sua complexidade e variabilidade.

A relação capital/trabalho nunca foi fácil de ser administrada e a realidade atual nos mostra que, aos poucos, está se tornando cada vez mais difícil.

Há quem diga que, no Brasil, o empresário tem a imagem de padrasto. E o funcionário, de um enteado que guarda um grande rancor no coração.

Obviamente, esse sentimento de rancor é também derivado de uma economia instável e de uma sucessão de esperanças e desesperanças.

No entanto, apesar das dificuldades que têm enfrentado, as empresas brasileiras parecem já ter entendido que ambientes corporativos baseados no paternalismo, no favor, na desinformação e no desestímulo, geram uma força de trabalho servil, triste e desunida.

> **Pessoas felizes produzem mais e melhor. Essa é a essência do endomarketing.**

Mas focar apenas a felicidade é uma visão simplista e, ao mesmo tempo, complexa demais.

Cientistas calculam que 50% da felicidade de uma pessoa são determinados pela genética, 10% pelas circunstâncias de vida e 40% por pensamentos e ações.

Uma empresa não tem como interferir na genética de um ser humano, mas pode representar uma circunstância de vida. No entanto, a circunstância de vida significa apenas 10% da felicidade. Além disso, sabemos que a vida não é composta apenas de aspectos profissionais. Existem as questões pessoais que não podem ser determinadas nem depender de uma empresa. Com isso, já perdemos uma parte desses 10% de felicidade.

Mas ainda sobram os 40% relacionados com pensamentos e ações. Talvez uma empresa possa proporcionar a uma pessoa a oportunidade de bons pensamentos e ações, mas certamente não tem como gerir e controlar esse processo.

Esses dados nos mostram aquilo que já sabemos: a felicidade depende diretamente da pessoa. Não há como atribuir a uma empresa a responsabilidade pela felicidade de alguém.

Mas uma empresa é feita de pessoas. Portanto, quanto mais pessoas felizes trabalharem nela, melhor será o seu clima organizacional.

Essa conclusão parece bastante óbvia. O problema é a quantidade de mal-entendidos que a cercam.

A vida de uma pessoa é formada por tantos aspectos, uma mesma pessoa desempenha tantos papéis, que se torna impossível atribuir a uma empresa a responsabilidade de motivá-la.

Por isso a importância de a empresa manter o seu foco na informação clara e transparente, na informação que gera valor, na informação que faz a pessoa sentir-se importante para a organização.

> **A informação é, sem dúvida, a maior arma de uma empresa para contribuir com a felicidade do seu público interno.**

Voltemos aos dados anteriores: se 10% da felicidade é determinada por circunstâncias de vida e o trabalho é uma delas, certamente um bom nível de informação sobre objetivos, estratégias e resultados da empresa tornará a pessoa mais próxima e, consequentemente, mais bem alinhada a tudo o que se refere a ela. Isso certamente fará a pessoa mais feliz no ambiente de trabalho. Então, vamos dizer que, por consequência, ganhamos pelo menos 5% de felicidade.

Continuando, se 40% da felicidade é determinada por pensamentos e ações, quanto mais informações a empresa tornar disponível, melhores serão os pensamentos em relação a ela e melhores serão também as ações. Porque a informação bem trabalhada gera segurança e as pessoas somente têm coragem para agir em favor da empresa quando se sentem seguras daquilo que fazem e do que podem fazer.

Nesse contexto de pensamentos e ações, é importante lembrar que a democratização da informação em uma empresa diminui o nível de tensão das pessoas. E é exatamente em momentos de tensão que o cérebro humano se concentra em pensamentos negativos.

Tudo isso nos mostra que a felicidade empresarial não pode ser representada por uma família de propaganda de margarina, nem conquistada através de campanhas internas com conteúdo demagógico e pouco real, pois ao fazer isso, a empresa estará trabalhando contra si.

No interior de um ambiente empresarial, a felicidade é a soma dos porcentuais de felicidade de cada uma das pessoas que contribui para o seu dia a dia e da consciência das suas lideranças em relação a isso.

Estou me referindo ao bem estar, à harmonia e à segurança que somente podem ser provocadas por um bom processo de informação.

Na visão de Gil (2001), gestão de pessoas é a atividade gerencial que visa a integração dos indivíduos que atuam numa determinada organização. Trata-se, portanto, da evolução nas áreas conhecidas anteriormente por Administração de Pessoal, Relações Industriais e Administração de Recursos Humanos, que passaram a ser vistas e denominadas como Gestão de Pessoas.

Essa nova área surgiu com o objetivo de provocar nas pessoas uma reação de cooperação, fugindo dos tradicionais conceitos de recursos humanos.

Segundo Chiavenato (2005), a gestão de pessoas é um processo que sofreu grandes mudanças e transformações durante os últimos anos, não apenas em seu aspecto tangível e concreto, mas principalmente nos aspectos conceituais e incorpóreos.

A visão que se tem, hoje, é totalmente diferente da sua tradicional configuração, pois quando falamos em gestão de pessoas, estamos falando de gente, de mentalidade, vitalidade, ação e pró-ação.

A gestão de pessoas eficaz tem sido responsável pela excelência das organizações bem-sucedidas e, por integrar o capital intelectual, simboliza a importância do fator humano em uma sociedade que vive plenamente a "era da informação".

Para Tachizawa (2001), os novos tempos já estão a exigir modelos de gestão mais eficazes, que possam conduzir os interesses de toda a empresa, inclusive das pessoas, pois o trabalhador do futuro, desde que motivado e potencializado pelas novas tecnologias, aplicará seus conhecimentos, individual e coletivamente, para agregar valores à longa cadeia produtiva da empresa.

Na visão de Vergara (1999), o termo gestão de pessoas é de grande importância, primeiro porque é no interior das empresas que as pessoas passam a maior parte da sua vida e, segundo, porque as empresas podem ter tudo, mas nada serão se não valorizarem o elemento humano, definindo visão e propósito, escolhendo estruturas e estratégias e realizando esforços de marketing para que se sintam parte da organização e não somente meros instrumentos de trabalho.

É dentro dessa nova formatação da gestão de pessoas nas empresas que a Comunicação e o Marketing Interno têm encontrado o cenário de que precisam para crescer e se consolidar como uma estratégia de gestão.

O termo endomarketing foi registrado no Brasil em 1996 pelo consultor de empresas Saul Faingaus Bekin, como resultado da sua experiência no corpo a corpo de sua atividade profissional, na época, na média gerência de uma empresa multinacional.

Segundo ele, a empresa possuía alguns problemas como baixa integração entre seus diversos departamentos, visões divergentes sobre as funções de cada um deles, entre outros. Diante disso, concluiu que as pessoas não conheciam com profundidade a empresa na qual trabalhavam e essa situação impunha um desafio cuja solução não estava nos livros. Era preciso um instrumento eficaz para sintonizar os colaboradores, promovendo uma reorientação de objetivos, junto com uma reordenação interna da empresa.

Para Saul Bekin, o endomarketing tem como objetivo realizar e facilitar trocas, construindo lealdade no relacionamento das pessoas com seu cliente interno, compartilhando seus objetivos, cativando e cultivando certa harmonia para fortalecer as relações interpessoais e, principalmente, a comunicação interna.

Concordando com Saul Bekin, tenho defendido, em meus livros, que fazer endomarketing nada mais é do que oferecer ao colaborador educação, atenção e carinho, tornando-o bem preparado e mais bem informado, a fim de que se torne uma pessoa criativa e feliz, capaz de surpreender, encantar e entusiasmar o cliente.

A função de uma empresa, hoje, não é apenas produzir e vender bens e serviços, mas principalmente proporcionar um nível de satisfação interna que conquiste e fidelize clientes.

O objetivo do endomarketing é, portanto, criar uma consciência empresarial (visão, missão, princípios, procedimentos etc.), dentro de um clima organizacional positivo. O propósito é transformar o colaborador em facilitador para consolidar a imagem da empresa e o seu valor para o mercado.

De acordo com Cerqueira (2005), o endomarketing prova que as pessoas só caminham para a excelência quando percebem que a empresa respeita seus valores, investe no desenvolvimento de modelos gerenciais avançados e acredita no potencial humano. Os conflitos interpessoais e coletivos contribuem para o fracasso de uma empresa que busca a excelência na qualidade. O endomarketing, por sua vez, trabalha para melhorar esses conflitos e, também, para aprimorar a cultura organizacional.

As definições para endomarketing são muitas e possuem, como pano de fundo, a importância de se trabalhar o ambiente interno para que se reflita no relacionamento com o cliente.

Para Albrecht (2004), se os empregados não estão convencidos da qualidade dos serviços prestados por sua empresa e da importância de seus papéis nesta prestação, não há nada na terra que os torne dispostos a vendê-los para seus clientes.

> **❝ Endomarketing é, portanto, uma das principais estratégias de gestão de pessoas nas empresas que buscam não apenas sucesso em termos de mercado, mas a perenização. ❞**

Ao longo dos últimos anos, tenho sido muito questionada sobre a origem do endomarketing. Por não ter encontrado um histórico documentado, tenho respondido que, intuitivamente, as empresas sempre fizeram endomarketing, embora tenham passado a utilizar técnicas e estratégias mais arrojadas nos anos 1980 e 1990, em função da necessidade de se tornarem mais competentes que os Sindicatos na comunicação com os empregados.

Acredito que as empresas industriais, especialmente as de grande porte, por terem sofrido um pouco mais a ação dos sindicatos, foram as pioneiras nesse processo.

Os sindicatos, no início da sua trajetória, adotavam duas técnicas distintas e complementares de comunicação nos portões das fábricas: as técnicas do megafone (comunicação verbal) e a da panfletagem (comunicação escrita). Assim, atingiam rapidamente o público que desejavam.

A partir daí, as empresas passaram a tentar combater os Sindicatos por meio de técnicas mais criativas e sistemáticas, criando e colocando em prática canais de comunicação direta com os seus empregados, o que gerou um certo equilíbrio, muito embora eu ainda encontre nos ambientes em que trabalho sindicatos muito mais rápidos e eficientes do que as empresas nessa questão da informação.

Até pouco tempo atrás, as pessoas acreditavam que o endomarketing havia surgido com um único objetivo: fazer com que os empregados de uma empresa não tomassem conhecimento de uma decisão, do lançamento de um novo produto ou de uma nova estratégia de vendas apenas por meio da mídia.

Neste caso, ao comunicar primeiro internamente, a empresa estaria garantindo a satisfação dos seus empregados e fazendo com que se sentissem parte do processo.

Assim, as agências de propaganda, ao criar e produzir uma determinada campanha de marketing externo, passaram a gerar instrumentos de divulgação para atingir, primeiro, o público interno.

A verdade é que o conceito de endomarketing cresceu muito e, hoje, pode-se chamar assim todo e qualquer esforço da empresa no sentido de estabelecer, com os seus empregados, um relacionamento produtivo, saudável e duradouro.

Nesse contexto, podemos também tentar explicar a origem do endomarketing de uma forma mais lúdica, mas não menos importante. Entretanto, para isso, será preciso falar de amor.

E para falar de amor, talvez tenhamos que aceitar mudar os nossos padrões psicológicos e mapas mentais, ou seja, nossos paradigmas.

Ter paradigmas pode ser algo valioso e até mesmo salvar vidas, quando usados adequadamente, mas podem também ser perigosos quando tomados como verdades absolutas, sem aceitarmos qualquer possibilidade de mudança.

> **❝ Hoje, não podemos mais falar sobre uma empresa sem pensar no amor, já que as empresas são feitas de pessoas e o amor é algo que permeia todo e qualquer tipo de relacionamento. ❞**

Além disso, é importante lembrar que estamos vivendo já há algum tempo, a economia do espírito, uma economia em que as pessoas estão muito mais emocionais e compram:
- o espírito de uma empresa;
- o espírito de uma marca; e
- o espírito de um produto.

Amor não é o que sentimos pelo outro, mas como nos comportamos em relação ao outro. É exatamente dentro desse espírito que podemos olhar para a origem do endomarketing de uma perspectiva um pouco mais emocional.

A linguagem empresarial vem mudando ano a ano. Podemos dizer que, na década de 1990, as empresas empenharam-se na absorção de novos conceitos e técnicas de gestão. Uma das grandes mudanças dessa época foi deixar de chamar o empregado de funcionário e passar a chamá-lo de colaborador.

E com essa denominação, o empregado passou a ter um grau de importância maior, se não na prática, pelo menos no discurso dos líderes empresariais.

Segundo um psicólogo de Harvard, Jerome Brunner, *é mais comum representarmos um determinado conceito do que agirmos de acordo com ele*. Da mesma forma, é mais fácil representarmos um sentimento do que vivermos de acordo com ele.

Talvez por isso, ao longo de muitos anos, as empresas restringiram-se a dizer que o seu público interno era importante, mas sem necessariamente demonstrar esse sentimento, ou seja, sem corporificá-lo.

Ocorre, no entanto, que o ser humano está em constante evolução e, dentro desse processo: pensamentos tornam-se ações, ações tornam-se hábitos, e hábitos podem determinar o sucesso ou o insucesso de um relacionamento.

Em outras palavras, as empresas tiveram que passar a se preocupar com a formação das pessoas que fazem o seu dia a dia, utilizando técnicas e estratégias de marketing para estabelecer uma coerência entre os discursos: interno e externo.

Obviamente, não podemos dizer que essa evolução não aconteceu, de certa forma, forçada. Afinal, se uma empresa não desafia suas crenças e suas práticas, a concorrência simplesmente a ultrapassa.

Por outro lado, encontramos muitas empresas que ainda têm dificuldades em quebrar paradigmas e admitir que o amor não deve ser apenas citado, mas demonstrado no seu cotidiano.

A verdade é que quando nossas ideias são desafiadas, somos forçados a repensar nossa posição e isso é sempre muito desconfortável.

É por isso que muitos preferem não repensar seus comportamentos e contentam-se em permanecer onde estão.

Sabemos, no entanto, que se a empresa recusa-se a mudar, as pessoas que nela trabalham não necessariamente seguirão o mesmo caminho.

> **❝ Estamos vivendo uma era em que as pessoas estão cada vez mais espiritualizadas e voltadas para o amor. Isso força as empresas a também pensar e agir dessa forma. ❞**

É exatamente a relação de amor que se estabelece entre uma empresa e seus empregados que determina a necessidade de canais, instrumentos e ações de comunicação entre as duas partes.

Não é novidade que as empresas americanas e europeias estão cada vez mais espiritualizadas e preocupadas com o bem-estar das pessoas que nelas trabalham.

O Plano de Saúde Mental, por exemplo, que é um benefício que agora começa a ser oferecido por algumas empresas brasileiras aos seus empregados, é comum na vida das organizações dos EUA e da Inglaterra.

Outro exemplo de demonstração de amor é o fato de as empresas estarem estendendo o seu Fundo de Pensão para os parceiros dos empregados homossexuais, assim como já existe para os parceiros heterossexuais, refletindo as diferenças existentes na sociedade e, com isso, enriquecendo a relação empresa/empregado por meio de atitudes mais flexíveis e adequadas ao momento atual.

Ainda dentro desse espírito, temos sido acionados por clientes que desejam promover o casamento coletivo dos empregados que desejam oficializar a sua união, numa ação de endomarketing com o patrocínio da empresa.

Isso demonstra que o amor está dentro das organizações.

Portanto, não é piegas dizer que o endomarketing surgiu, também, pela necessidade de as empresas demonstrarem o amor, que até então apenas diziam sentir pelos seus empregados.

> **❝ O que se percebe é que a empresa que assume atitudes de endomarketing passa a viver um processo de total entusiasmo com os resultados decorrentes dessas atitudes. ❞**

Entusiasmo vem do grego (assim como "endo" de endomarketing), e quer dizer "Deus dentro de si".

É o poder divino da criação que existe dentro de nós e que nos permite transformar dificuldades em possibilidades e atitudes em resultados positivos para nós e para as pessoas que nos rodeiam.

Hoje, todos os conceitos trabalhados internamente pelas empresas têm a ver com vida. São eles: saúde, segurança, meio ambiente, responsabilidade social, comportamento, qualidade, produtividade, sustentabilidade entre outros.

A verdade é que o estilo tradicional, destituído de amor, não vai nos levar a um determinado lugar nessa nova economia, onde todos estão voltados para o espírito.

Costumo dizer que a maior prova de que a Comunicação e o Marketing Interno são importantes para a empresa é o fato de que, até pouco tempo atrás, pessoas perdiam braços, pernas e até morriam em acidentes de trabalho, enquanto hoje, especialmente as empresas do segmento industrial, comemoram milhares de dias sem acidente de trabalho.

E os acidentes, quando ocorrem, já não mutilam nem matam. Isso acontece porque as empresas conseguiram disseminar internamente conceitos e técnicas de segurança, utilizando para isso canais, campanhas e instrumentos de Comunicação e Marketing Interno.

Conheci uma empresa que não conseguia diminuir seus índices de acidentes de trabalho. Isso acontecia não por falta de comunicação interna, mas em função de um processo inadequado onde a linguagem era punitiva e o conteúdo não atribuía responsabilidade às pessoas.

Tive contato também com outra empresa que trabalhava essa questão com campanhas internas, afirmando que todo empregado deveria ser um líder quando o assunto em questão era a segurança.

Em vez de ameaçá-los ou suborná-los para que fossem mais cuidadosos, essa empresa dava a eles o poder para reconhecer situações e comportamentos de risco e agir de modo a prevenir acidentes.

Cada pessoa fazia um treinamento sobre segurança no local de trabalho e também sobre como ensinar procedimentos de segurança aos outros. Nessa empresa, a eliminação de atos inseguros e a correção de condições de risco eram e são da responsabilidade de cada empregado. Trata-se de uma empresa que acredita que segurança é um item importante demais para que a sua gestão fique nas mãos de um pequeno grupo de lideranças.

Essa é, sem dúvida, uma estratégia interessante relacionada a segurança, pois valoriza as pessoas e atribui um alto nível de responsabilidade a elas. Mas além de uma boa estratégia, é uma atitude de amor da empresa para com os seus empregados.

Segundo Gary Hamel, a forma como somos percebidos e valorizados como seres humanos, está se tornando um aspecto cada vez mais importante na nova economia. Nos negócios em geral, não é mais tão importante o que as pessoas pensam de seus líderes, mas como se sentem em relação a eles. Isso depende, principalmente, da forma como são tratados e valorizados.

O que resume tudo isso? Endomarketing, marketing para dentro, marketing interno, comunicação interna, comunicação empresa/empregado.

Um mesmo assunto pode ter muitos nomes e ser observado por diversas óticas, principalmente quando se trata de algo emergente para empresas de qualquer porte e segmento.

Capítulo 2

Bendito seja o público interno

Walt Disney disse: *você pode criar e construir o lugar mais maravilhoso do mundo, mas você ainda precisará de pessoas para transformar esse sonho em realidade.*

❝ O endomarketing pressupõe que toda pessoa precisa saber e sentir que é necessária, mas isso nem sempre é possível. ❞

Hoje, por uma questão de custo, muitas empresas somente conseguem fazer a comunicação interna de massa, colocando todas as pessoas dentro de um mesmo patamar, independente de cargo ou função.

A palavra indivíduo é uma tradução latina do grego atomon, de Demócrito: *o que não pode ser dividido*. Já Boécio definia indivíduo como multiplamente aplicável: *o que não pode ser subdividido, de modo nenhum, como a unidade ou o espírito; o que, por sua solidez, não pode ser dividido, como o aço; o que, tendo predicação própria, não se identifica com outras semelhanças.*

Quando, no cotidiano, há referência ao indivíduo, também transparece a ideia de unicidade. Quando alguém nos pede: "respeite a minha individualidade", parece dizer: "repare, sou diferente de você e quero ser visto como tal".

Ser um indivíduo é, portanto, ser igual a si mesmo, diferente do outro.

Estamos vivendo a era do indivíduo. O marketing direto está cada vez mais especializado em atingir diretamente o indivíduo plural, múltiplo e complexo. Neste caso, não há um padrão, mas muitos padrões, tantos quanto indivíduos. Cada indivíduo é um padrão.

No marketing interno, embora os canais, instrumentos e ações sejam planejados para atingir coletivamente grupos de funcionários, segmentados de acordo com a estrutura da empresa, deve haver esforços no sentido de fazer com que a pessoa se sinta única. Determinadas mensagens podem e devem ser direcionadas ao indivíduo e não à massa.

Existem empresas que utilizam correspondências individuais endereçadas aos funcionários, enviadas para as suas residências, onde mensagens assinadas pelo presidente informam decisões e fatos importantes da vida da empresa.

O texto pode ser o mesmo para todos os funcionários, mas o instrumento individual e o envio para a casa de cada um estabelecem e representam diferença.

Quando o endomarketing começou a existir em nosso país como uma estratégia de gestão, a expressão "público interno" era igual a "empregados".

Hoje, além dos diferentes cargos e funções, existem diversos segmentos de público interno dentro de uma mesma empresa. São eles:
- empregados contratados;
- profissionais terceirizados;
- aposentados;
- consultores;
- acionistas;
- família;
- outros.

Empregados contratados

O público denominado empregados contratados deve ser segmentado por cargo e função. Hoje, os níveis hierárquicos diminuíram muito, o que facilita a segmentação. Num primeiro momento, o ideal é dividir o segmento contratados em três partes:
- direção;
- lideranças; e
- base.

Obviamente, existem empresas que possuem vários níveis de lideranças como: gerentes, coordenadores, supervisores etc.

Numa empresa do segmento industrial, por exemplo, podemos dividir tanto as lideranças quanto a base em:
- administrativa; e
- operacional.

Essa divisão é bastante importante, até porque são segmentos de público interno com características muito diferentes.

Numa empresa de varejo ou de serviços, podemos dividir lideranças e base em:
- linha de frente (interna e externa); e
- administrativa ou de retaguarda.

O segmento de contratados inclui, também, a respectiva família, uma vez que muitos dos esforços de endomarketing têm como objetivo atingir também os cônjuges e os filhos.

Profissionais terceirizados

O segmento de público terceirizado nem sempre é considerado público interno pelas empresas. Em função da legislação trabalhista, algumas empresas fazem questão de deixar esse público à parte do processo de endomarketing, o que é bastante negativo.

Hoje, as empresas terceirizam muitas de suas áreas, especialmente as relacionadas com vendas (representantes comerciais) e serviços gerais (segurança, limpeza etc.). Dentro desse contexto, estão os profissionais que vivem o dia a dia da empresa intensamente e se relacionam diretamente com o público externo (cliente), mesmo que vinculados a outra organização.

O ideal é que tanto contratados como terceirizados sejam atingidos por esforços idênticos de endomarketing, já que trabalham para um mesmo público externo e possuem objetivos similares.

A verdade é que uma empresa não pode evitar que terceirizados tenham acesso a canais visuais como, por exemplo, um jornal de parede ou uma TV corporativa. E dentro de um cenário de incerteza (se devem ser incluídos ou não), isso é bastante positivo.

A disponibilidade desses canais faz que, mesmo indiretamente, os terceirizados sejam atingidos, apesar de as empresas terem consciência de que não deve manter comunicação com eles através de instrumentos diretos, o que poderia trazer prejuízos em relação à legislação.

Um shopping ou um aeroporto, por exemplo, possui um contingente muito grande de terceirizados em atividades importantes para o seu tipo de negócio como: segurança, limpeza e manutenção.

Já ministrei treinamentos para o público interno de uma rede de shoppings que tiveram a participação de empregados contratados, de profissionais terceirizados e, também, de membros da direção das empresas terceirizadas.

O objetivo de juntar contratados e terceirizados num mesmo evento era óbvio: alinhamento de conceitos, já que todos atendem diretamente os clientes dos shoppings.

O que me chamou a atenção foi a presença dos diretores das empresas terceirizadas. Quando questionei sobre os objetivos dessa decisão, soube que era para sensibilizar esses dirigentes para a prática do endomarketing em suas empresas (que terceirizavam seus serviços), pois isso complementaria todos os esforços já desenvolvidos pela rede de shoppings.

Aposentados

Outro segmento de público interno importante, embora nem todas as empresas o considerem, é o de aposentados.

Existem pessoas que trabalharam durante toda a sua vida no setor bancário e que, depois de aposentados, costumam ir todos os dias a uma agência do banco onde trabalharam retirar uma determinada quantia de dinheiro. Poderiam fazê-lo uma vez por semana, retirando uma quantia maior, mas preferem a visita diária àquela empresa que, um dia, foi o seu emprego.

As pessoas, quando se aposentam, especialmente aquelas que trabalharam durante toda a vida numa mesma empresa, continuam com um vínculo muito forte. Por isso, é importante que, em algum momento, a empresa se comunique com elas.

O aposentado pode não ser mais produtivo, mas é formador de opinião sobre a empresa na qual trabalhou. Ao receber um carinho, mesmo que seja uma vez por ano, vai manter o vínculo afetivo e contribuir para a imagem externa da empresa.

Todos já ouvimos a frase "país desenvolvido é aquele que trata bem seus velhos", pois acredito que empresa socialmente responsável também é aquela que reconhece o valor daqueles que fizeram a sua história.

Participei de um trabalho de comemoração dos 50 anos de uma grande empresa pública brasileira que incluiu aposentados. Foi um trabalho de endomarketing muito bonito que colheu o depoimento de aposentados e, a partir desse conteúdo, contou a história da empresa para todo o seu público interno.

Esse "contar da história" foi uma absoluta valorização do segmento aposentados, não apenas para ele mesmo, mas para todos os empregados da empresa.

Recentemente, tive outro contato com aposentados, porém os encontrei ainda atuando na empresa.

Ao realizar um trabalho de diagnóstico numa empresa que havia sido comprada por um grupo investidor, percebi que um dos medos das pessoas com as quais conversei era de que os aposentados fossem demitidos.

"Mas essas pessoas não estão aposentadas?", perguntei. "Sim, eles estão aposentados, mas continuam trabalhando na empresa e o nosso medo é de que a nova gestão os demita".

Isso significa que nem todos os aposentados estão em casa. Em alguns casos, eles continuam trabalhando na empresa com novos contratos.

Consultores

O grupo de consultores externos também pode ser considerado um segmento de público interno da empresa, uma vez que não apenas interage com ela, mas participa de decisões estratégicas.

O ideal é que a empresa tenha o hábito de contemplar esses profissionais no momento da distribuição dos seus instrumentos de comunicação interna, a fim de mantê-los informados sobre programas, projetos e processos aos quais está se dedicando naquele momento.

Acionistas

O acionista é todo aquele que detém uma parte do capital da empresa, representado por suas ações. Esse importante segmento de público interno das empresas de capital aberto pode ser dividido em dois grupos:
- os que se envolvem na administração da empresa ou no acompanhamento de sua rotina, participando de suas assembleias; e
- os que ficam à distância e enxergam as ações apenas como instrumentos de renda.

A empresa precisa se comunicar com esses dois grupos, especialmente com o primeiro, cujo envolvimento é mais direto.

Podemos ir além, identificando também o futuro acionista como um segmento de público a ser atingido pela empresa, já que quando decide comprar uma ação, o investidor quer conhecer a empresa, seus resultados recentes, perspectivas e, sobretudo, o compromisso futuro dos controladores de conciliar mais investimento com geração de caixa e distribuição de lucros.

Hoje, já existem empresas especializadas em comunicação com acionistas, tal é a importância desse tipo de público interno.

Família

A sucessão familiar nas empresas foi um assunto tabu durante muitos anos. Entretanto, com a evolução das empresas familiares, as preocupações aumentaram: como garantir a continuidade do negócio? As pessoas da segunda ou terceira geração da família serão capazes de manter os investimentos e aumentar os lucros?

Existe uma pressão muito grande pela continuidade dos negócios e nem sempre as pessoas da família estão preparadas para dar continuidade ao que os patriarcas empreendedores começaram e mantiveram até então.

Por esse motivo, algumas empresas passaram a ver os membros da família que originou a empresa ou que detém a maioria das ações como um importante segmento de público interno. São famílias que estão criando canais de comunicação, realizando eventos e estabelecendo contatos diretos através dos mais diversos instrumentos com os seus membros, a fim de repassar a eles informações sobre a empresa, além de trabalhar aspectos relacionados com a cultura do negócio.

As empresas que trabalham a família como um importante público interno estão procurando atingir as pessoas mesmo a partir da infância, pois o objetivo é fazer com que tenham consciência da relação que possuem e que possuirão com a empresa.

Conheço famílias que estão realizando eventos sistemáticos nos quais reúnem os seus membros e, nesses encontros, trabalham todas as informações possíveis sobre a empresa. Mais do que isso, sei de famílias que estão utilizando cartilhas e jogos para que suas crianças possam interagir com informações sobre a empresa de forma lúdica e, ao mesmo tempo, educativa.

Trabalhamos para uma família que, pelo menos uma vez por ano, reúne todos os seus membros numa grande convenção e, para isso, programa palestras, conferências, grupos de estudos, atividades de integração, além de entregar uma série de materiais como livros, cartilhas, artigos da *griffe* da família como camisetas, bonés, sacolas de viagem etc.

Para o último evento realizado, criamos convites personalizados, em que um membro da família convidava o outro, chamando a atenção para a oportunidade de convivência que teriam.

Para outra grande família em que muitos dos primos, por morarem em locais diferentes, ainda não se conheciam ou passavam muito tempo sem se ver, foi criado um jogo de memórias com a foto de cada membro da terceira geração. Assim, ao brincarem com o jogo, as crianças memorizavam o rosto e o nome de seus primos.

Outros

Dependendo do segmento de atuação de uma empresa, ela poderá ter modalidades diferenciadas de público interno.

Um shopping, por exemplo, pode considerar como público interno os seus lojistas e até mesmo os empregados desses lojistas. Afinal, todos trabalham dentro do mesmo espaço com um objetivo comercial comum.

Uma indústria que desenvolve diretamente seus fornecedores também poderá considerá-los como mais um segmento de público interno.

Uma universidade pode ter como segmentos de público interno seus professores e também seus alunos, pois todos representam a marca perante o público externo.

Portanto, são vários os tipos de público interno que podemos encontrar numa empresa, dependendo do seu porte e segmento de atuação.

Existem empresas que representam uma determinada comunidade ou cidade. Ao longo da minha vida profissional, conheci empresas em que toda a cidade ou comunidade local trabalhou, trabalha ou irá trabalhar nela.

Uma vez, ao chegar numa cidade do interior do Estado de Minas Gerais, reparei que próximo à praça central existiam outdoors com campanhas internas da empresa na qual eu iria realizar uma palestra. Ao questionar sobre os motivos da comunicação interna estar sendo veiculada em outdoors externos, fui informada de que toda a comunidade local trabalhava naquela empresa.

Nessas situações, costuma-se dizer que "o empregado está além da catraca da empresa", utilizando uma expressão muito comum do público interno. Para empresas como essa, o prefeito, o delegado, o juiz e o padre, assim como todas as pessoas que moram na cidade, são considerados público interno.

Em função disso, acredito que a expressão "respeitável público" deveria deixar de ser usada apenas na abertura de espetáculos de circo, passando a fazer parte do dia a dia de uma empresa.

Respeitar o público é essencial. Mais do que isso: é preciso conhecer muito bem o público interno e reconhecer suas características básicas e essenciais para conseguir atingi-lo.

Capítulo 3

Cada conceito no seu lugar

Em todas as apresentações que faço em Universidades, tenho sido questionada sobre as diferenças entre comunicação interna, marketing interno e endomarketing, além das fronteiras e limites de cada um.

Em razão disso, tenho buscado formas de simplificar a questão, permitindo o entendimento rápido daqueles que ainda não trabalham diretamente com o assunto.

O objetivo deste terceiro capítulo é exatamente o de colocar cada conceito no seu lugar, ou seja, explicar os termos que costumo usar para abordar o endomarketing, a fim de tornar mais simples o entendimento do restante do conteúdo do livro.

Aprendi com o publicitário e consultor de empresas Antonio Marcus Paim, que sempre que estivermos diante de um impasse ou de uma decisão a tomar, devemos avaliar se aquilo é essencial, importante ou complementar. Muitas vezes, estamos nos concentrando naquilo que é importante ou complementar e esquecendo o que é essencial.

Ao fazer esse exercício, torna-se fácil tomar uma decisão ou simplesmente determinar um caminho a seguir. Basta priorizar aquilo que é essencial, dar atenção ao que é importante e acrescentar aquilo que é complementar.

> **Em qualquer empresa, independente de porte ou segmento de atuação, a comunicação é algo essencial.**

E como algo essencial, deve ser entendida de forma simples.

Existem quatro formas de nos comunicarmos: falando, ouvindo, lendo e escrevendo.

Hoje, nas empresas, com o advento da mensagem eletrônica instantânea, as pessoas passam muito mais tempo lendo e escrevendo do que falando e ouvindo. Em vez de discutirem os assuntos, as pessoas trocam centenas de mensagens por dia nas quais expõem suas percepções e dão seus pareceres.

Esse processo não tem sido saudável para as empresas, nem para as pessoas de uma forma geral. A comunicação não existe por si só. Ela é intuitiva e básica para o elemento humano, ou seja, está inserida na vida do homem e da sociedade.

As pessoas trocam informações de forma consciente ou inconsciente, verbal ou não verbal. Sempre existem emissores e receptores. A comunicação é base para qualquer relacionamento humano.

> **Há quem diga que a comunicação é o reflexo de uma empresa. A forma como ela se comunica com seus públicos externo e interno contribui fortemente para a construção da sua imagem.**

Mas o que é exatamente comunicação? Na universidade, aprendemos que é um processo no qual existem quatro partes: o emissor, o receptor, a mensagem que existe entre eles e o contexto no qual se encontram.

Para alguns autores, é a transferência da informação de uma pessoa para outra ou uma forma de repassar ideias pensamentos e valores. Para outros, é um fenômeno dinâmico que ocorre de forma intencional entre uma pessoa e outra com o objetivo de obter uma reação, estabelecendo assim a troca de sentimentos e ideias.

Quando o assunto é comunicação interna, existe uma forma muito simples de entender o seu significado: basta partir a palavra ao meio e inverter, entendendo-a como ação comum, ou seja, ação de tornar comum: objetivos, estratégias e resultados.

- Objetivos: o patamar no qual a empresa deseja chegar.
- Estratégias: o que todos devem fazer para permitir que a empresa chegue nesse patamar.
- Resultados: celebração dos resultados alcançados.

Em outras palavras, a comunicação interna é a linha mestra que gerencia a entrada e a saída da informação, possibilitando o alcance dos objetivos organizacionais.

> **❝ Mais do que isso, a comunicação interna é a técnica utilizada para alinhar o pensamento das pessoas às políticas, estratégias e diretrizes da empresa. ❞**

O endomarketing, por sua vez, nada mais é do que a comunicação interna feita com brilho, cor, imagens, frases de efeito e outros recursos e técnicas de marketing. É a comunicação da empresa para os seus empregados executada com a sofisticação da propaganda bem feita.

Abaixo, algumas definições importantes.

Comunicação interna x comunicação interpessoal

- Comunicação interna é a comunicação empresa/empregado. É a informação, decorrente de uma decisão, que deve sair da parte de cima da pirâmide organizacional e descer até a base.
- Comunicação interpessoal é a comunicação entre pessoas.

A comunicação interna, quando bem feita, pode contribuir para a comunicação interpessoal, pelo simples fato de que a primeira prevê a democratização da informação, beneficiando a segunda.

Comunicação interna x marketing interno

- Comunicação interna é algo que toda empresa faz. A partir do momento que uma empresa repassa uma informação através de um e-mail ou de um documento qualquer para os seus empregados, está fazendo comunicação interna.
- Marketing interno é quando a empresa repassa a mesma informação, mas se utiliza de técnicas e estratégias de marketing para que seja absorvida de forma mais rápida e com maior intensidade.

Marketing interno x endomarketing

- Marketing interno e endomarketing são expressões utilizadas com o mesmo sentido. "Endo", do grego, quer dizer "ação interior" ou "movimento para dentro".
- Endomarketing é, portanto, marketing interno ou marketing para dentro.

Informação x integração

- Informação e Integração são os dois caminhos utilizados pelo endomarketing para a motivação das pessoas.

Embora muitas pessoas ainda confundam endomarketing com festa, levando em consideração apenas ações voltadas para a integração, estamos nos referindo a um movimento interno com o foco na informação e na integração. Dentro desse movimento, a informação deve estar sempre em primeiro lugar.

Ações de endomarketing x atitudes de endomarketing

- Ações de endomarketing são atividades e eventos voltados para a informação e integração do público interno.
- Atitudes de endomarketing são decisões e iniciativas tomadas pela empresa e suas lideranças no sentido de proporcionar um maior e melhor nível de informação e de integração aos seus empregados, sempre com o foco no seu bem-estar.

Como atitude de endomarketing entende-se, também, todo e qualquer esforço de comunicação direta entre liderança e subordinado (comunicação face a face).

Processo vertical x processo horizontal

- A comunicação interna é um processo vertical. A informação (produto da comunicação interna) é decorrente de uma decisão. A decisão, por sua vez, é tomada na parte superior da pirâmide organizacional. Portanto, a informação é algo que deve descer da parte de cima da pirâmide organizacional para a base.
- O processo vertical é uma realidade, também, quando a empresa decide ouvir as pessoas que nela trabalham, momento em que a informação, em vez de descer, faz o caminho inverso, partindo da base e chegando até o topo da pirâmide organizacional.
- A comunicação interna não é um processo horizontal, pois não trata do repasse da informação entre as pessoas e, sim, entre a empresa e seus empregados.

Canais, instrumentos e ações x lideranças

- Canais, instrumentos e ações são os meios técnicos para fazer operar o processo da comunicação interna. É através deles que a empresa repassa a informação aos seus empregados.
- A liderança deve ser o principal canal de comunicação da empresa com o seu público interno. Os canais, instrumentos e ações devem funcionar como meios complementares à atuação da liderança no processo da informação.

Capítulo 4

Demandando endomarketing

Atualmente, empresas de todos os portes e segmentos de atuação demandam programas e ações de endomarketing. Essas empresas podem ser agrupadas da seguinte forma:

- Empresas que desejam fazer endomarketing, mas não sabem por onde começar, o que é preocupante em função do alto nível de expectativa e, principalmente, da forma lúdica com que percebem a questão. Para essas empresas, endomarketing é algo bonito, moderno e que precisa ser implantado, muitas vezes porque desejam se equiparar as outras empresas. Não existe uma visão clara em relação ao assunto, o que dificulta completamente o início de um processo.
- Empresas que possuem um objetivo definido, determinado por um fato ou um cenário (positivo ou negativo) e acreditam que trabalhar a comunicação e o marketing interno pode ajudá-las, até mesmo acelerando o processo. Empresas com esse tipo de demanda são mais fáceis de serem trabalhadas, pois a relação é mais objetiva e o esforço mais concreto.

- Empresas que já possuem esforços e ações de endomarketing, porém isolados e desintegrados e que desejam organizar o processo dentro de um mesmo posicionamento, a partir de um planejamento conceitual, de conteúdo, estrutural e criativo.

As oportunidades geradas pelas empresas que pertencem a esse último grupo são bastante interessantes, pois nelas já existe a cultura e o entendimento em relação às necessidades da organização.

Ao longo dos últimos anos, tenho tido a oportunidade de conviver com a diversidade do endomarketing. Foram tantas as questões com as quais me envolvi, tantos os trabalhos desenvolvidos, que venho me surpreendendo com aplicações até então não imaginadas. Neste capítulo, meu desafio é comentar um pouco dessa diversidade, mostrando algumas das descobertas e demandas das empresas neste momento.

Um padrão para a comunicação de recursos humanos

As empresas, na sua maioria, possuem uma política de recursos humanos. Pode não ser a melhor política, mas ela existe. O que não existe é uma comunicação de recursos humanos, através da qual possam ser divulgados assuntos como: política de cargos e salários, programas de treinamento, programas de carreira e de desenvolvimento, benefícios, incentivos etc.

Quando as empresas realizam auditorias de clima e de ambiência organizacional, um dos fatores pesquisados é a gestão de recursos humanos, através de questões relacionadas com a vida das pessoas na empresa. Geralmente, é a média mais baixa da pesquisa, o que não significa que as empresas estejam errando em suas políticas. O erro está em não divulgá-las.

Cada vez mais as empresas devem investir na divulgação de políticas de recursos humanos, estabelecendo, através dessa área e de seus programas, um relacionamento direto com o empregado.

Fizemos, para uma grande empresa do setor petroquímico, um projeto denominado "Relacionamento Empresa-Empregado", composto por quatro programas:
- Rede de Comunicação de Recursos Humanos.
- Uma boa empresa para trabalhar.
- Conversando com os empregados.
- Liderando pelo exemplo.

Cada um desses programas era composto por canais, instrumentos e ações. Todos coordenados pela área de Recursos Humanos, com o foco no comprometimento e na comunicação com os empregados.

Para uma empresa industrial do segmento de cosméticos, trabalhamos na organização da comunicação da área de Gestão de Pessoas, partindo de um manual de assinaturas para os diversos pilares da área e seus respectivos programas.

Até então, a empresa possuía mais de vinte marcas diferentes de programas de recursos humanos. O primeiro passo foi estabelecer um estudo de marcas e, o segundo, uma programação visual para todas as campanhas e materiais internos da área, de forma a permitir que o empregado identificasse a comunicação da área pela assinatura, formato e cor.

> **❝ O ideal é que a empresa possua um processo de comunicação interna composto por canais/veículos onde existirão espaços específicos para a comunicação de recursos humanos. ❞**

No entanto, muitas empresas ainda não organizaram a sua comunicação interna de forma a ter um processo estabelecido e a área de Recursos Humanos acaba criando o seu próprio sistema para atingir diretamente o empregado.

Outro desafio que temos encontrado é o fato de muitas empresas terem diminuído a sua estrutura de atendimento de recursos humanos.

Dentro de toda uma política de redução de custos, as áreas de Recursos Humanos estão funcionando hoje com uma estrutura bem menor. Áreas que costumavam ter várias profissionais de Assistência Social, atendendo e ouvindo os problemas dos funcionários, por exemplo, foram reduzidas a uma ou duas pessoas, o que não permite mais o mesmo nível de atendimento.

A percepção do público interno, neste caso, é de que a empresa não está mais valorizando os seus recursos humanos. E o desafio das empresas, por sua vez, é mostrar que a preocupação é a mesma e que o atendimento será feito através de outro formato, porém com a mesma qualidade.

Para uma empresa do setor industrial que viveu intensamente esse problema, criamos uma identidade para a área de Recursos Humanos com uma assinatura que dizia: *Recursos Humanos. Conte com a gente.*

Dentro desse mesmo contexto, os profissionais que compõem a área passaram a usar um bottom e a ter uma identificação na frente das suas mesas que dizia: *Fulano de tal. Conte comigo.* O objetivo era mostrar que a área estava menor, atuando com menos recursos, mas que a disponibilidade era a mesma.

Além disso, foram criados espaços específicos para a comunicação de recursos humanos dentro dos canais oficiais de comunicação interna da empresa, sempre utilizando a assinatura: *Recursos Humanos. Conte com a gente.*

O marketing de benefícios

O marketing de benefícios é uma importante parte do endomarketing e tem sido uma das grandes demandas por parte das empresas.

Tenho ouvido a frase "as pessoas não valorizam os benefícios a que têm direito" de gestores de empresas de todos os portes e segmentos. A quantidade de benefícios oferecidos pelas empresas ao seu público interno não tem sido proporcional ao reconhecimento por parte das pessoas.

Visitando uma empresa, na primeira hora da manhã, deparei-me com um café da manhã servido para algumas pessoas. Era um café da manhã completo, comparável aos cafés servidos pelos hotéis. Perguntei o que estava acontecendo ali e recebi a seguinte resposta: "é para as pessoas que fazem exames de sangue. Todas as semanas, temos colaboradores realizando exames periódicos de saúde e, como eles precisam fazer o exame em jejum, a empresa oferece um café da manhã após o procedimento".

Fiquei impressionada. Quando preciso fazer um exame de sangue, tenho que marcar hora, deslocar-me até o laboratório, esperar ser chamada por uma senha e voltar para o trabalho com fome, permanecendo assim até a hora do almoço.

Será que os empregados reconhecem o alto nível de preocupação dessa empresa com o seu bem estar? Poder fazer o exame na própria empresa já é um privilégio. Receber o café da manhã, após o exame, extrapola aquilo que chamamos de benefício. É um carinho.

Mas será que as pessoas reconhecem? Certamente não, porque possuem uma tendência a acreditar que a empresa não está fazendo mais do que a sua obrigação. A verdade é que as pessoas somente reconhecem aquilo a que têm direito em uma determinada empresa quando vão trabalhar em outra que não oferece os mesmos benefícios.

> **As pessoas acostumam-se muito rápido com aquilo que é bom e deixam de valorizar.**

Por isso a importância de fazer marketing de benefícios. A empresa precisa utilizar todos os canais e instrumentos de comunicação interna para lembrar aos colaboradores sobre o que oferecem em termos de benefícios.

Essa demanda é atendida normalmente através de campanhas, cujos instrumentos devem ser integrados por meio de um mesmo conceito. Outra preocupação é fazer que os esforços sejam sistemáticos. O ideal é que a empresa nunca pare de divulgar seus benefícios.

Quando me refiro à campanha, estou falando de um conjunto de instrumentos que inclui: cartilha de benefícios, cartazes, banners real e virtual, mala-direta e anúncios no jornal interno, no jornal eletrônico e em outros canais de comunicação da empresa.

A divulgação sistemática pode ser feita a partir de um benefício por mês. Exemplo: no primeiro mês alimentação, no outro transporte, depois assistência médica, assistência odontológica, exames médicos, treinamento, plano de seguros, bonificações, programa de participação nos resultados, auxílio educação, auxílio creche etc.

Quando terminada uma rodada de divulgação, outra deve ser começada, de preferência com uma nova abordagem sobre cada um. Assim, o empregado passa a conhecer e reconhecer o conjunto de benefícios a que tem direito. Em outros casos, podem ser feitas campanhas específicas para um único benefício.

Grandes empresas têm feito uma campanha para benefícios ligados à saúde, outra campanha para benefícios ligados à educação, outra para alimentação etc. Nesse caso, o investimento é maior. O resultado, por sua vez, acontece de uma forma mais imediata.

Ainda sobre benefícios, é importante lembrar que a divulgação deve começar nos materiais de integração, ou seja, no momento em que o empregado ingressa na empresa. Para isso, o ideal é que os manuais de integração sejam editados com cinco grandes capítulos:

- quem somos;
- onde estamos;
- como pensamos;
- o que oferecemos aos nossos colaboradores; e
- o que esperamos dos nossos colaboradores.

No item "o que oferecemos aos nossos colaboradores" é que os benefícios devem ser abordados da forma mais ampla possível.

A informação como um benefício

As empresas oferecem muito mais benefícios do que imaginam, mas acabam se tornando reféns da percepção do público interno. Como o empregado não reconhece a quantidade e a importância dos benefícios, a empresa também acaba por não acreditar no valor daquilo que oferece.

Benefício não é apenas assistência médica e vale-refeição. Benefício é tudo o que é oferecido ao público interno para que ele tenha uma maior qualidade de vida e bem estar. Um chuveiro para que ele tome banho antes de ir para casa, uma refeição mais saudável ou com menos calorias para quem faz dieta, um programa de treinamento, uma palestra motivacional, a visita da Assistente Social para auxiliar num problema familiar etc. Tudo isso é benefício.

A visão da empresa em relação a esse assunto é que precisa ser mudada. Esse é o primeiro passo no sentido de obter uma percepção positiva por parte do público interno.

> **A informação, acompanhada da explicação da informação, permite ao colaborador sentir-se parte do processo.**

Ao mesmo tempo, faz que ele trabalhe com foco nos objetivos da empresa.

Quando o empregado consegue reconhecê-la como um benefício, é porque a informação está sendo percebida como fundamental para o seu relacionamento com a empresa.

Existem empresas que medem o grau de satisfação do seu público interno em relação a cada um dos canais de informação que possui, devolvendo a eles o resultado, ou seja, fazendo o "marketing do endomarketing".

Ao ter acesso ao grau geral de satisfação em relação a cada canal de informação, o colaborador passa a valorizá-lo ainda mais.

As 150 melhores empresas para você trabalhar

Todas as empresas, hoje, querem estar entre "As 150 Melhores Empresas para Você Trabalhar" da Revista Exame. Encontrar o nome da empresa nessa edição especial da revista tornou-se objeto de desejo, especialmente dos profissionais de Recursos Humanos.

Tenho encontrado empresas que colocam esse como o objetivo maior de qualquer esforço de endomarketing que venham a colocar em prática. Alguns diretores argumentam que, em suas empresas, existem tantos aspectos positivos quanto nas que estão entre "As 150 Melhores...", questionando-se porque ainda não tiveram a sua empresa convidada para participar.

Realmente, se folhearmos a edição especial da Revista Exame vamos encontrar uma série de benefícios e de incentivos oferecidos aos empregados que diferenciam umas empresas das outras.

Mas elas não estão na revista apenas porque possuem diferenciais e, sim, porque são capazes de divulgá-los com eficácia para o seu público interno, a ponto de torná-los reconhecidos.

> **❝ Não é a Revista Exame que coloca uma empresa entre "As 150 Melhores..." e, sim, a percepção positiva do público interno retratada nas suas respostas. ❞**

A participação acontece através da aplicação de uma pesquisa que é respondida pelos empregados da empresa. São eles, a partir da percepção que possuem e que evidenciam em suas respostas, que determinam se a empresa estará na revista ou não.

Mas a percepção positiva, por parte do público interno, não pode ser conquistada através de um único esforço ou somente em função da vontade dos diretores de uma empresa. É preciso muita comunicação interna para que as pessoas reconheçam tudo aquilo que é feito em seu favor.

Portanto, quando uma empresa consegue estar nas páginas da edição especial da Revista Exame, deve fazer uma campanha interna comemorativa cujo *briefing* seja: Obrigado. Você nos colocou entre as 150 Melhores... Afinal, é a percepção do público interno que decide tal fator. Mas o objetivo deve ser sempre a melhoria do relacionamento empresa/empregado e não simplesmente estar entre as 150 Melhores.

Conheço uma empresa que, durante três anos, participou da pesquisa e esteve entre as 150 Melhores... Depois disso, entendeu que não precisava mais participar, pois já havia provado para o seu público interno o quanto era dedicada a ele. Isso demonstra maturidade.

Entretanto, conheço muitas empresas que não sabem lidar com o fato de já terem estado entre as 150 Melhores... e não estarem mais. Uma vez, fui chamada para contar aos diretores de uma empresa que, naquele ano, não haviam ficado entre as 150 Melhores... porque os executivos de Recursos Humanos não tinham coragem de transmitir essa informação.

O marketing de incentivos

Até há pouco tempo, o mercado confundia marketing de incentivos com endomarketing, utilizando as duas expressões para definir um programa de premiações. Hoje, já existe o entendimento de que marketing de incentivos é apenas uma importante parte do endomarketing. E por sua importância, tem sido uma das grandes demandas das empresas, especialmente as do segmento de varejo.

Mas existe uma questão significativa que precisa ser lembrada: o marketing de incentivos deve ser entendido como um fator de motivação momentânea, já que pressupõe apelos materiais, ou seja, estímulos externos. Geralmente, a motivação acaba junto com o programa. É um esforço isolado com início, meio e fim.

Motivação quer dizer: movimento para a ação. O movimento é algo físico, mas nenhum órgão do nosso corpo se movimenta sem que haja um impulso mental. Por isso, tenho defendido a ideia de que a motivação é decorrente de forças interiores. Isso significa que, para motivar uma pessoa a qualquer ação, é preciso conseguir acionar a sua mente e o seu coração.

Por outro lado, é importante lembrar que o ser humano precisa de desafios para sentir-se vivo. Portanto, o desafio de um programa de incentivos pode ser muito mais motivador do que o prêmio por ele oferecido.

Mas se associado ao desafio, a mensagem do programa de incentivos for capaz de mexer com o lado emocional das pessoas a quem se destina, teremos então um esforço de sucesso, independente dos prêmios em questão.

Existem muitas fórmulas prontas. Só que um prêmio, quando percebido de forma isolada, é muito pouco para emocionar e motivar uma pessoa. Programas de incentivo não podem ser desenvolvidos ao acaso e nem pela improvisação. Ao contrário, devem fazer parte de um contexto mercadológico estruturado a partir dos objetivos globais da empresa.

Mesmo um programa de incentivos criado de forma emergencial deve estar relacionado com o planejamento mercadológico, podendo, inclusive, servir para corrigir rumos e modificar estratégias que possam estar equivocadas ou necessitem ser reafirmadas.

Fórmulas prontas produzem pequenos resultados. Cada tipo de esforço relacionado com incentivo precisa ter um raciocínio e um acompanhamento diferenciados, cujo encadeamento deve ser dar de acordo com a política de incentivos da empresa, o posicionamento do programa, o conceito a ser trabalhado e as regras para participação. Tudo isso, acontecendo de forma criativa, emocional e, desafiadora.

Por fim, vale lembrar que a chave para o sucesso de um programa de incentivos está no planejamento, na ética, na transparência e na simplicidade do processo. Para uma empresa, prometer e não cumprir é o mesmo que corromper a própria integridade.

Temos criado programas de incentivo para empresas de varejo, principalmente quando o objetivo é trabalhar cartão de crédito. Para um dos nossos clientes, criamos um programa de incentivos que propunha a troca de um real por cartão efetuado.

O dinheiro tem sido um dos prêmios mais desejados pelas pessoas, até porque hoje existem muitas facilidades para a compra de carros, motos, computadores e eletrodomésticos. As viagens caíram bastante e transformaram-se num dos itens menos desejados pelo público interno. Normalmente, quem ganha viagens num programa de incentivos tenta fazer a troca por dinheiro com a empresa.

Trabalhamos para uma empresa de telefonia cujos programas de incentivo contemplavam como premiação a participação dos campeões em campanhas internas da empresa. Campanhas motivacionais importantes – que celebravam, por exemplo, a conquista de um determinado número de clientes – eram protagonizadas por ganhadores dos programas de incentivo.

O desafio das certificações

As certificações para a qualidade têm considerado aspectos da comunicação em suas normas e essa é uma tendência crescente.

Durante alguns anos, os programas voltados para a qualidade e produtividade alcançavam resultados muito pequenos por falta de processos de comunicação interna. Na maior parte das vezes, os conceitos acabavam não descendo para a base da pirâmide organizacional e os programas ficavam apenas na intenção.

Hoje, no entanto, as empresas buscam criar e implantar processos de comunicação e de marketing interno em função de uma certificação e, depois, os mantêm como mais uma estratégia de gestão da empresa.

Participamos de um processo de certificação da OHSAS (segurança e saúde ocupacional). Tínhamos poucos meses para disseminar os conceitos/informações sobre a norma e sensibilizar as pessoas, já que a certificação deveria acontecer em menos de seis meses, o que me levou a dividir o esforço em fases.

Reunimos todo o conteúdo que precisava ser divulgado e fomos abordando-o por etapas, numa comunicação crescente e acessível ao público interno da empresa. Essa empresa operava através de turnos e, um dos desafios, era atingir aqueles que trabalham de madrugada. Para isso, criamos o Agente OHSAS.

A ideia não era um *guimic* ou um personagem engraçado, mas um ser humano que representasse o empregado e que repassasse a ele todos os conceitos voltados para a segurança e saúde ocupacional.

Todos os materiais gráficos (banners, cartilhas, cartazes, painéis, informativos etc.) tinham a figura do Agente OHSAS na sua programação visual. O lançamento da campanha aconteceu através de materiais que apresentavam o Agente como alguém responsável pelo processo de comunicação daquele esforço.

Na segunda etapa da campanha, o Agente ganhou vida e passou a circular pela empresa, falando com as pessoas e distribuindo materiais, principalmente nos turnos que, normalmente, são relegados a um segundo plano em nível de comunicação.

A campanha teve sucesso e os resultados foram atingidos. Mas o esforço não acabou aí, pois o grande desafio de uma certificação é a sua manutenção, para a qual foram criadas outras formas de comunicação, sempre na mesma linha, complementando aquilo que já havia sido feito.

Os cenários de mudança

Mudar
Mudam-se os tempos
Mudam-se as vontades
Muda-se o ser, muda-se a confiança
Todo mundo é composto de mudança
Tomando sempre novas qualidades
Continuamente vemos novidades
Diferentes em tudo da esperança
Do mal ficam as mágoas na lembrança
E do bem – se algum houve, as saudades.

Em 1595, Luís de Camões escreveu o poema acima. Portanto, mudança não é algo da nossa era. Simplesmente, é parte da vida, especialmente da vida das empresas.

> **❝ Processos de comunicação interna são imprescindíveis para alicerçar esforços acelerados e contínuos de mudança. ❞**

Empresas mudam rapidamente. Costumo dizer que para os diretores de uma empresa, ela nunca está igual de um dia para outro. São mudanças de estrutura física, de recursos humanos, de foco, de objetivos, de mercado, de comportamento etc.

Mudanças que geram um sentimento de incerteza nas pessoas envolvidas. Mais do que isso, mudanças que passam a fazer parte da vida das pessoas como algo normal, comum, do cotidiano.

Pessoas que ocupam lugares estratégicos nas empresas precisam estar preparadas para a inovação constante. Não estou falando da inovação tecnológica, pois para esta as pessoas têm se mostrado bastante preparadas. Estou falando da inovação conceitual, da inovação do conhecimento. Refiro-me à necessidade permanente de mudarmos o nosso modo de pensar e de agir, a adquirir um novo olhar, tão necessário para aquilo que, hoje, chamamos de inovação.

Jornais e revistas têm veiculado artigos que defendem a ideia de que "as pessoas resistem à mudança", o que não acredito. Para mim, as pessoas resistem àquilo que não conhecem. Muitas transformações empresariais fracassam porque são mal explicadas ou não explicadas ao público interno.

É dentro desse contexto que o endomarketing se coloca como uma das mais poderosas ferramentas de gestão na atualidade.

Recentemente, realizamos um trabalho de diagnóstico para levantamento de necessidades de comunicação interna numa empresa que está passando por uma mudança bastante grande: era uma empresa familiar, extremamente paternalista, e foi comprada por um grupo investidor que implantou uma nova gestão, totalmente focada em resultados.

Embora os sentimentos de insegurança e de incerteza estejam instaurados na empresa, ouvimos frases muito interessantes do público interno como:

"Para quem ficar, será ótimo. Disso temos certeza. Mas quem vai ficar?"

"A nossa impressão sobre a mudança é positiva, mas não sabemos se estamos incluídos nela."

"Todo mundo quer crescer junto com a empresa, acompanhando as mudanças. Queremos ficar."

"Tudo será melhor daqui para frente. Quem viver verá."

Essas frases representam que, apesar do medo da demissão, todos acreditam num futuro melhor. Isso prova que as pessoas não têm medo da mudança e, sim, daquilo que não conhecem. O que gera o medo é a falta de informação.

A padronização do atendimento ao público

O problema é que a mudança, especialmente de estrutura física e de recursos humanos, reflete diretamente no cliente. Ele liga e é atendido por uma pessoa que não conhece.

Esta era a preocupação de um profissional que, certa vez, me disse: "em nossa empresa, o organograma é feito a lápis".

Obviamente, a mudança constante acaba refletindo no cliente, principalmente se a empresa ainda não tiver o seu processo de atendimento padronizado. Esta tem sido mais uma das grandes descobertas do endomarketing: padronizar sistemas e processos de atendimento, disseminando atitudes e conceitos a serem utilizados no contato com o cliente. Quando padronizado o processo de atendimento, a mudança, principalmente no plano dos recursos humanos, acontece sem grandes prejuízos para o cliente.

Para o estabelecimento de um jeito único e especial de atender, existem tecnologias específicas que, se alicerçadas num bom programa de endomarketing, trazem grandes diferenciais para a empresa. Neste caso, é o marketing agindo de dentro para fora no sentido literal da expressão.

A sensibilização para um determinado programa ou ação

Uma demanda que tem sido muito constante é a sensibilização para que as pessoas participem das pesquisas de clima e de ambiência organizacional.

Algumas empresas conseguem que apenas um porcentual muito baixo do público interno emita a sua opinião, o que torna o esforço pouco compensatório, pois o objetivo é efetivamente a opinião das pessoas.

Por esse motivo, as grandes empresas de uma forma geral fazem grandes campanhas internas no sentido de engajar as pessoas a participarem das pesquisas.

Para uma empresa do setor aéreo, realizamos uma grande campanha que começava, numa etapa *teaser*, solicitando a opinião das pessoas sobre vários locais como o Corcovado e o Pelourinho e questões como o futebol e o carnaval. A continuidade da campanha trazia a chamada: *Você tem opinião para tudo. Para a nossa empresa, também*. Outras chamadas eram: *a sua opinião vai traçar o destino da nossa empresa; e está na hora de você dizer o que pensa sobre a nossa empresa*.

A informação capaz de gerar um sentido para o trabalho realizado

Nos anos 1930, Charles Chaplin encantou o mundo com o filme *Tempos Modernos*, no qual representa o operário de uma grande indústria que trabalha sem saber ou pensar sobre o que está fazendo.

Esse tipo de personagem ainda é encontrado em empresas do segmento industrial. Muitas pessoas exercem a sua atividade na linha de montagem sem saber que produtos estão ajudando a produzir, por quem será utilizado e, principalmente, que benefício trará ao mundo.

Recentemente, trabalhamos para uma indústria do setor do calçado que possui um produto associado a uma causa social e ambiental. Para que as pessoas entendessem o sentido daquilo que estavam produzindo e também se engajassem na mesma causa, foi realizado todo um esforço de comunicação interna que aconteceu antes de os comerciais serem veiculados na televisão, ou seja, antes de o produto chegar ao mercado.

Quando as pessoas sabem o que estão produzindo, para que serve, como será utilizado e, principalmente, quais os benefícios disso para o mundo, trabalham muito mais motivadas, além de fazerem a sua parte como cidadãos.

Uma vez, ao realizar um diagnóstico para uma grande empresa do setor do aço, descobri que a grande vontade das pessoas que nela trabalhavam era entender para quem era vendido e como o mercado utilizava os tarugos de aço que produziam. Esse sentimento é comum em empresas que produzem matéria-prima e não o produto final.

Para outra empresa, criamos um informativo de fábrica de quatro páginas chamado: *Feito! O resultado do que você faz, você vê aqui*. Neste caso, a expectativa das pessoas era a mesma: entender o que acontecia com aquilo que eles produziam no seu dia a dia de operação.

As demandas e as descobertas de utilização para o endomarketing, hoje, são muitas. Eu poderia escrever um livro somente sobre isso, pois existe um universo sendo construído pelas empresas.

Capítulo 5

Analisa de Medeiros Brum

Encantando pelo conteúdo

A informação é o produto da comunicação interna e a principal estratégia de aproximação da empresa com o seu público interno.

Por isso, a informação deve ser transmitida com linguagem simples e clara, permitindo uma leitura rápida e eficaz. Além disso, deve ser exposta em lugares estratégicos, estar acompanhada de apelos visuais, ter padronização e periodicidade.

> **A comunicação interna tem que funcionar como a imprensa: sair todo o dia, mesmo que não haja novidades.**

Para os momentos de falta de informação inédita, a empresa deve ter materiais prontos que sirvam para reforçar conceitos, princípios, valores etc.

Há quem diga que em comunicação interna não se cria fatos. É bem possível que essa frase não esteja errada, se levarmos em consideração o seu sentido literal. É verdade: a comunicação interna tem a responsabilidade de comunicar fatos e não criá-los.

Mas quando nos referimos ao endomarketing, estamos falando de criar fatos, ou seja, a manutenção de um processo de comunicação interna exige, em determinados momentos, a criação de mensagens motivacionais ou de situações que amenizem a falta de informação.

A tão discutida diferença entre comunicação interna e endomarketing pode estar exatamente nessa questão: comunicar o que já existe ou criar algo para comunicar?

Em endomarketing, valem as duas estratégias que, por sua vez, devem complementar-se no dia a dia, promovendo a energia de que uma empresa necessita para ter um contexto mais positivo e, a partir daí, encantar verdadeiramente o seu cliente.

A consistência de um esforço de endomarketing acontece exatamente pelo seu conteúdo que deve ser coerente com a gestão, com a atitude da direção da empresa, com a imagem de marca de seus produtos e serviços e com o nível cultural e social da maioria dos funcionários.

O conteúdo vem em primeiro lugar porque ninguém lê o que não existe. De nada adiantam a forma, a mídia, a tecnologia e a vontade da empresa em querer repassar uma mensagem, se ela não existir.

> **O público interno não suporta ser subestimado, especialmente no que se refere à informação.**

O irrelevante, o já conhecido, o que não interessa e o que não se aplica na percepção do público interno, devem ser esquecidos quando o assunto é conteúdo. Igualmente, temos que entender que todo o conteúdo tem um custo para o emissor e para o receptor e a tendência natural do receptor, na maior parte das vezes, é minimizar esse custo que pode ser social, psicológico, financeiro ou físico.

O empregado deve parar na frente do jornal de parede, carregar consigo, abrir e ler o jornal interno, acessar a intranet etc. Além do custo físico, ele precisa dispensar um tempo para isso, que é considerado perdido no caso da informação ser um desprazer e não um prazer.

Em outras palavras, o ser humano busca a informação que pode ser traduzida num real benefício para sua vida pessoal e/ou profissional, trazendo emoções positivas, sensações agradáveis e satisfação de expectativas.

Nesse cenário, informação nunca é demais? Depende. Informação nunca é demais desde que o funcionário saiba o que fazer com ela. A quantidade ideal de informação é definida a partir do seu nível de interesse.

Obviamente, alguns temas despertam imediato interesse, enquanto outros requerem que o receptor seja estimulado. Nem tudo o que é importante para a empresa também o é para o seu público interno. As pessoas, pela sua natureza, diferem quanto ao grau de interesse em relação a um determinado assunto.

Ao realizar um esforço de diagnóstico de necessidades de comunicação interna em um grande grupo empresarial, deparamo-nos com a percepção: "a empresa somente informa aquilo que é importante para ela e não aquilo que é importante para nós".

Fomos buscar aquilo que estava provocando essa percepção e nos demos conta de que, na empresa, existiam canais que divulgavam apenas conteúdo de mercado e produto (abrimos tantas lojas, vendemos tantos produtos etc.) e nenhuma informação sobre programas, projetos e processos de recursos humanos, ou seja, sobre a vida das pessoas na empresa.

A estratégia está exatamente na observação das reações do público interno. Somente a partir dessa observação é que será possível determinar as características do conteúdo que ele mais aprecia.

Para ter sucesso e não desistir é preciso esquecer completamente a segunda lei de Newton "a toda ação corresponde uma reação de mesmo valor e sentido contrário", pois o funcionário vai surpreender sempre nas suas reações e aquilo que imaginamos não ser importante para o público interno pode tornar-se a base do conteúdo a ser trabalhado.

Mas é preciso cuidado com a overdose de informação. É melhor refletir antes de publicá-la. Às vezes, numa empresa da área industrial, por exemplo, cada célula fabril pode estar precisando de um tipo específico de informação.

Para atingirmos resultados, tem-se que fugir da ilusão: "Fiz 227 comunicados". É comum ouvirmos isso do responsável pela comunicação interna de empresas que visitamos: "geramos centenas de comunicados por semana". Mas e o que sobrou disso? Qual a contribuição para a vida do colaborador?

> **Tudo o que é divulgado em excesso pode perder a importância antes que a empresa perceba.**

Empresas que possuem processos integrados e sistemáticos de comunicação interna costumam estabelecer grupos de conteúdo a serem trabalhados.

Esses grupos de informação tanto podem ser corporativos (da empresa para o público interno das unidades, lojas, filiais ou franquias) quanto locais (da unidade, loja, filial ou franquia para o seu público interno).

Uma mesma mensagem, ao mesmo tempo, para todos na empresa também é uma regra a ser questionada, se levarmos em consideração os grupos específicos de público interno.

Essa estratégia, de um único esforço, é utilizada por empresas que ainda se encontram no início do desenvolvimento de um processo de comunicação interna. À medida que a relação empresa/empregado se desenvolve, torna-se necessária a segmentação de públicos e a consequente especificação de mensagens.

A necessidade de segmentação acontece, principalmente, quando a empresa necessita repassar mensagens mais complexas ou de maior conteúdo, ou ainda na administração de crises. Quando não existe essa possibilidade, a empresa deve, pelo menos, ter canais específicos para as lideranças, antecipando a informação para esse público que tem, sob a sua responsabilidade, o repasse para as pessoas da base.

Quanto a assuntos considerados tabu, devemos fazer com que sejam mínimos ou não existam. Em endomarketing a verdade, por pior que seja, tem o mérito de ser verdade. Este é o motivo pelo qual uma mensagem negativa deve ser divulgada e assinada pela direção da empresa. Aqui, vale a pena lembrar: se a empresa não fala, o sindicato fala.

Da mesma forma, não deve haver perguntas que não possam ser respondidas, mesmo que através da expressão "neste momento, não temos essa informação". A empresa não tem a obrigação de saber tudo, nem de ter a resposta no exato momento em que é questionada pelo público interno. Mas tem a obrigação de responder, explicando que ainda não possui a resposta e assegurando que, quando a informação existir, será repassada para as pessoas.

Uma demissão em massa, a morte de um funcionário em acidente de trabalho, a concordata da empresa, enfim, a informação pode não ser a melhor, mas o seu conteúdo deve ser transmitido com o foco na transparência, na credibilidade e na agilidade.

O menor espaço possível entre a decisão ou o fato e a informação sobre ele é fator decisivo para uma maior ou menor entropia da informação, ao mesmo tempo em que determina, também, um maior ou menor grau de sofrimento para o público interno.

Sempre cito que uma das piores informações a serem trabalhadas dentro de uma empresa é a morte. Já aconteceu de colaboradores se suicidarem dentro de empresa para as quais trabalhamos.

A melhor decisão a ser tomada pela empresa, num momento como esse, é providenciar que sejam feitos laudos médico e policial, com as respectivas assinaturas, a fim de que sejam publicados num canal visual, de preferência o jornal mural da empresa.

Sem a informação oficial, certamente o público interno terá muitas versões para que o suicídio tenha acontecido dentro da empresa, o que será péssimo para a sua imagem em todos os níveis.

Outro exemplo de informação que poderia ter tido uma conotação negativa por parte do público interno foi quando um cliente decidiu patrocinar uma escola de samba no carnaval carioca, como estratégia de popularização da sua marca.

A empresa tomou essa decisão sabendo que os seus colaboradores não teriam uma visão positiva, em função do investimento que seria feito. A solução no sentido de se trabalhar a informação para que fosse percebida de forma positiva foi envolver o público interno.

Para isso, foi realizado um concurso interno para escolher 100 colaboradores que participariam do desfile da escola de samba, representando a empresa na avenida. O concurso propunha que as pessoas se candidatassem e fossem escolhidas pelos seus colegas de trabalho por terem condições de representar a empresa no desfile da escola.

A empresa tinha um público interno de milhares de empregados. Esse concurso atingiria a empresa como um todo, mas beneficiaria apenas 100 pessoas que estariam desfilando na avenida.

A questão era: o que fazer com as milhares de pessoas que não desfilariam? A solução foi criar uma coleção de leques informativos muito coloridos e enviar para elas nos dias que antecederam o desfile.

O objetivo desse envio era fazer que os colaboradores e suas famílias torcessem pelos colegas que estavam na avenida e, consequentemente, pela escola cujo tema era o segmento de atuação da empresa.

Essa estratégia atingiu a empresa como um todo e fez que as pessoas não ficassem com uma percepção negativa em relação à decisão de patrocinar uma escola de samba.

> **❝** Endomarketing serve exatamente para isso: dar valor e visibilidade para a informação, permitindo que o público interno a reconheça de forma positiva, independente de qual seja o conteúdo. **❞**

Capítulo 6

Formatando a ideia

O interesse das pessoas pela comunicação interna está diretamente associado ao conteúdo, o que nos leva a entender que, quando estimulado apenas pela forma, o resultado não é completo.

> **Conteúdo e forma são e sempre serão complementares.**

Há quem comente que, em endomarketing, o que menos importa é o "jornalzinho".

As pessoas dizem isso porque não sabem o trabalho que dá fazer um "jornalzinho", cujas edições os funcionários esperem, leiam, gostem e levem consigo para mostrar à família. Essas pessoas também não sabem o quanto esse instrumento é capaz de aproximar a empresa de seus funcionários e vice-versa.

Infelizmente, por uma questão de custo, muitas empresas deixaram de possuir esse veículo interno. Em contrapartida, existem empresas que não apenas aprimoraram o seu jornal interno, transformando-o numa revista de qualidade, como passaram a utilizá-la como mídia para instrumentos internos.

Já fizemos edições de jornais e revistas internas que carregavam consigo:
- cartões aromatizados;
- minicartilhas coladas na capa;
- anúncios interativos;
- versões minimizadas do balanço social da empresa;
- outros.

Além de conquistar credibilidade, uma informação precisa ser transparente, ter agilidade, ser repassada através de um canal ou instrumento de visual arrojado e contar com um bom nível de descontração.

Mas esta não é uma regra que vale apenas para o jornal interno. Ao contrário, deve estar presente em todos os canais, do mais simples ao mais complexo.

Sabemos que não há nada mais complexo do que fazer coisas simples.

Hoje, é comum ouvirmos falar sobre intranet, rede interna de monitores de plasma para sistemas digitais e até mesmo sobre canais corporativos de TV a cabo como eficientes e modernos veículos de comunicação interna. Mas são os meios mais simples que continuam encantando colaboradores, especialmente aqueles que se localizam na base da pirâmide organizacional.

> **"A forma, assim como o conteúdo, precisa ter coerência com a gestão da empresa, com a atitude da sua direção, com a imagem de marca de seus produtos e serviços e com o nível cultural e social da maioria dos seus funcionários."**

Uma descoberta bastante recente do endomarketing é a utilização de personalidades, ícones famosos, geralmente artistas ou atletas, para representar determinados programas internos que necessitam de uma divulgação de maior impacto.

Trabalhamos em processos cujas premiações eram: uma volta numa pista de corrida a bordo do carro de um piloto famoso, a participação num programa de televisão de grande audiência e um dia na companhia de um artista famoso.

Para o lançamento de um programa de remuneração variável, um cliente contratou, como palestrante, o treinador da seleção brasileira de vôlei. Esse treinador falou para todas as lideranças da empresa num programa denominado "de técnico para técnico".

Para outro cliente, propusemos trabalhar o conceito de segurança através de um espetáculo de circo produzido, dirigido e encenado por um ator de televisão reconhecido pelas suas atividades circenses. Na nossa proposta, o circo visitaria todas as Unidades da empresa, estabelecendo uma relação entre as atividades do circo e as questões de segurança.

Numa outra oportunidade, uma empresa cliente decidiu tirar a intranet do ar para reformulá-la em nível de conteúdo e de forma. A reformulação se daria num prazo de trinta dias.

A campanha interna que fizemos para comunicar aos colaboradores que a intranet seria retirada do ar, e que voltaria reformulada, teve como mote a vida de uma celebridade. A campanha sugeria que a intranet havia sido vista, por jornalistas de revistas famosas, entrando na clínica de um conhecido cirurgião plástico. Posteriormente, as mesmas revistas (simuladas) noticiaram o retorno da intranet em grande estilo.

Dentro desse mesmo contexto, é comum acontecer de a empresa possuir um contrato com um artista famoso para o seu marketing externo e poder utilizar a sua imagem também em ações de marketing interno.

Numa determinada oportunidade, propusemos a gravação de um vídeo com a modelo Gisele Bündchen para uma campanha de comunicação interna de um determinado produto. Nesse vídeo, que foi ao ar no horário do almoço, em todos os restaurantes das fábricas, a modelo explicou ao público interno da empresa que um porcentual do lucro daquele determinado produto era destinado a uma ONG para a proteção das águas do Brasil.

> **O humor tem sido muito utilizado como um recurso para o endomarketing.**

Entretanto, é preciso tomar cuidado com os famosos "ganchos" publicitários, pois nem sempre o que serve para o marketing externo é positivo para o marketing interno. Personagens bem humorados podem e devem ser utilizados em campanhas pontuais, nunca para representar um processo de comunicação interna.

Para uma campanha específica, um personagem inteligente pode ser um recurso bastante interessante. Para uma empresa do setor industrial, sugerimos uma campanha de segurança da informação cujo personagem era a própria informação correndo perigo. Todas as peças mostravam uma pessoa com uma roupa de super-herói e um "I" na frente, representando a informação e em situações de risco.

Para isso, uma atriz foi contratada para fazer parte das peças promocionais e, ao mesmo tempo, participar de interações com o público interno da empresa, sempre mostrando que a informação estava correndo perigo.

Quando o personagem é um ser humano, é importante atentar para as abordagens com duplo sentido. Recentemente, um diretor de arte da nossa agência criou uma campanha que tinha como objetivo provocar o engajamento do público interno a uma pesquisa de clima. As peças dessa campanha continham o rosto de uma pessoa, porém pela metade.

Graficamente, o cartaz era muito bonito. Além disso, o recurso de colocar o rosto da pessoa pela metade, cortado verticalmente, poderia ser muito bem utilizado no marketing externo. Entretanto, no marketing interno, poderia gerar comentários dos empregados como: "esta é uma empresa que nos vê pela metade", ou "o rosto pela metade representa o tamanho do nosso salário".

Por isso a importância de tomarmos cuidado com recursos de humor ou grafismos modernos demais. Uma peça de marketing interno, na qual as pessoas não possuem olhos, nariz ou boca, por exemplo, pode não ser bem interpretada pelas pessoas, mesmo que o recurso gráfico assemelhe-se a uma obra de arte.

> **A forma é uma questão não apenas de criatividade, mas de adequação.**

A informação pode ser repassada através de um jogral, de um coral, de uma peça teatral ou de um rap, depende apenas das características de quem deve absorvê-la.

A informação pode ser repassada, também, através de painéis luminosos, projeções de luz nas paredes, outdoors internos, banners eletrônicos, adesivos nos espelhos dos banheiros, monitores de TV, dependendo, neste caso, não apenas do nível cultural do público interno, mas também do investimento que a empresa deseja fazer para encantá-lo.

As tecnologias que existem hoje à nossa disposição, facilitando o trabalho, permitem que tenhamos mais tempo para desenvolver nosso lado criativo.

Criatividade é condição básica para um bom programa de endomarketing. Isso significa que profissionais das áreas de comunicação social e de recursos humanos não podem mais se dar ao luxo de achar que esta é uma responsabilidade única das agências de propaganda ou dos bureaus de design.

Para o planejamento, criação e concepção de um programa interno é necessária a participação de profissionais que consigam colocar a sua criatividade em todas essas fases.

Mas a criatividade não pode ser levada em consideração apenas até o lançamento de um programa. Seu desenvolvimento requer uma administração e uma manutenção igualmente criativas e isso deve ser assumido pelas pessoas que gerenciam as áreas envolvidas.

Afinal, canais de comunicação interna servem para veicular, sistematicamente, instrumentos informativos e motivacionais. Esses instrumentos devem priorizar formas arredondadas, cores quentes e vivas e ter o conceito principal centralizado. Além disso, devem utilizar "ganchos publicitários" e associações de forma moderada e simpática.

Outro recurso criativo importante é a utilização de imagens do colaborador e do dia a dia de trabalho na empresa. Mas o que existe de criativo em utilizar a imagem do colaborador? Isso parece algo óbvio em endomarketing. Estamos, no entanto, falando do colaborador interagindo com a marca da empresa, com o produto com o qual trabalha, com outros colaboradores e, até mesmo, com o seu líder.

Muitas vezes, o processo de comunicação interna da empresa possui um personagem ou um ícone. O colaborador pode ser fotografado interagindo com esse personagem ou ícone.

Para a Universidade Corporativa de um cliente nosso, cujo ícone era um ponto de exclamação, criamos uma série de materiais onde o colaborador interagia com o ponto, numa associação muito feliz.

Na realidade, o exercício da criatividade de forma metódica e consistente acontece naquelas atividades onde ela é a base do trabalho ou, pelo menos, um componente de peso.

A criatividade é lei na arquitetura, no design, na publicidade, no marketing, na moda, na informática e em tantas outras profissões caracterizadas pelo dinamismo e pela novidade, onde o processo criativo é um requisito intrínseco à realização dos objetivos. Isto sem falar nas manifestações puramente artísticas como a literatura, a música, as artes plásticas etc.

Assim, somos obrigados a concluir que a criatividade é universalmente promovida e provocada, mas discriminadamente praticada. Infelizmente, ela está distante das pessoas que exercem funções burocráticas e operacionais, mas que apesar disso são capazes de apreciá-la e reconhecê-la num simples cartaz.

É possível perceber que o cidadão comum não se atreve a ser criativo, por sentir-se fora desse mundo de privilegiados.

Para Michael Ray, professor do curso de Pós-Graduação em Administração de Stanford, EUA, a criatividade não é um exercício para de vez em quando – a busca de um grande momento de descoberta. Também não é aparecer com ideias incríveis de repente. A criatividade deve ser um modo de vida.

> ❝ Nada é melhor do que um processo criativo de comunicação interna para que uma empresa apresente e represente, para os seus colaboradores, o seu "modo de vida". ❞

A criatividade de que estou falando, diz Michael Ray, *é diferente de resolver problemas. É diferente de uma mera apresentação de ideias. As pessoas têm ideias de sobra. A questão real é: que ideias você vai usar? Você precisa procurar um recurso diferente. As pessoas dizem que a única constante no mundo de hoje é a mudança, mas isto não é verdadeiro. Há uma outra constante no mundo: sua própria identidade interna. Ela está sempre ali para você.*

Existem três condições básicas para a criatividade:

Subjetividade

A primeira é a subjetividade, ou seja, a capacidade que precisamos ter de liberar o nosso próprio pensamento, de pensar coisas possíveis e impossíveis, imagináveis e inimagináveis. O pior limite da criação, especialmente quando estamos tratando de endomarketing, é pensar: "o funcionário vai rir", "não vai gostar", pois sempre haverá alguém que não vai gostar. Pensando assim, estaremos condenados a jamais realizar algo em seu favor.

Como já dissemos, o funcionário surpreende-nos nas suas reações, e aquilo que nos parece pouco interessante pode ser muito apreciado por ele, especialmente se reunir os componentes: respeito pelo ser humano, poesia e bom humor.

Estética

A segunda condição para a criatividade é a estética. As pessoas, hoje, têm um senso de estética apurado, apreciando coisas bonitas, desejando formas inovadoras e cores quentes e vibrantes.

Em endomarketing, é possível seduzir não apenas pelo conteúdo e pela forma, mas pela cor. Deve-se usar sempre cores quentes, que aproximam, e cores vivas, que produzem energia.

A cor da imagem corporativa é importante, mas se ela for fria, deve estar acompanhada de outra cor que faça o contraponto.

Capacidade de realização

A terceira condição, e não menos importante do que as outras, é a capacidade de realização.

De nada adianta planejar, criar e convencer a direção da empresa sobre a nossa ideia, se não tivermos capacidade e coragem para colocá-la em prática.

A forma é decorrente desses três fatores, mas também depende da nossa curiosidade, atenção, concentração e contato com o mundo no qual vive e trabalha o público interno.

Às vezes, caminhar pela empresa, conversar com pessoas, frequentar os ambientes em que elas trabalham, almoçam e descansam, descobrir seus gostos e observar suas atitudes pode ser tão importante quanto uma bem planejada e estruturada pesquisa de clima.

Ainda existem pessoas que, mesmo não exercendo funções burocráticas, têm medo da atividade criativa ou até mesmo de admitir serem criativas. Existem, também, pessoas que somente se permitem exercer a criatividade quando acompanhadas de outras pessoas.

A criatividade efetiva é, na verdade, um ato solitário. Cada um dentro de si.

> **A criatividade aplicada à comunicação interna deve ter moderação, bom gosto e, principalmente, sensibilidade.**

Algo demasiadamente criativo poderá agredir o público interno e isso deve ser levado em consideração.

Temos participado de muitas concorrências para a conquista de contas de endomarketing.

Lembro-me de uma, em especial, na qual precisávamos ser muito criativos, pois já tínhamos convivido com aquela empresa em dois contratos. Estávamos concorrendo para o terceiro contrato.

Em dois contratos de dois anos cada, tínhamos criado, finalizado e produzido muitas campanhas para essa empresa. Como surpreender uma empresa que já estava acostumada ao que tínhamos para oferecer em nível de planejamento e criação?

O *briefing* dizia que a área de Recursos Humanos da empresa desejava que as pessoas atualizassem seus dados pessoais junto à empresa como endereço, telefone, estado civil, número de filhos etc.

O que tínhamos que criar era uma campanha interna de engajamento, que incentivasse as pessoas a atualizarem seus dados, procurando, para isso, a área de Recursos Humanos.

Escolhemos como ícone a massinha de modelar, um brinquedo infantil comum em todos os estados brasileiros (a empresa possui unidades em 14 estados).

Como conceito, trabalhamos a ideia de que, ao atualizar seus dados, o público interno estaria ajudando a sua empresa a modelar ações para atingi-lo de uma forma ainda mais consistente.

Buscamos a abordagem imperativa: *Atualize seus dados – Ajude a modelar as ações da (nome da empresa)*.

Mais importante do que a estratégia da comunicação é a explicação da estratégia para as lideranças. Assim, para a etapa de lançamento, criamos um CD com toda a apresentação e explicação da campanha a ser enviado para os líderes com a chamada: *dê o exemplo*. Depois de conhecer a campanha, atualize imediatamente seus dados.

Para o restante do público interno, enviamos como brinde um kit de massinhas de modelar coloridas. Na embalagem, colocamos um texto sobre a importância de as pessoas atualizarem seus dados pessoais.

A campanha começou com banners, cartazes e outdoors internos que diziam: *a (empresa) quer modelar as suas ações de acordo com o perfil dos seus empregados. E para isso, precisa da sua ajuda*.

Depois, foi veiculado um conjunto de peças: testeira para computador; testeira para quiosque; adesivo para espelho de banheiro; cartazes; banners; banners virtuais para intranet; outdoors internos; móbiles de teto; displays para as mesas dos restaurantes etc.; que traziam mensagens como:
- Você está de mudança? Entre em contato com a gente.
- Você casou? Entre em contato com a gente.
- Aumentou a família? Entre em contato com a gente.
- Seu telefone mudou? Entre em contato com a gente.

Todas essas situações foram ilustradas com massinhas de modelar, um esforço criativo bastante difícil, pois a imagem precisava ser montada com massinhas de modelar sobre uma mesa e, depois de captada, aperfeiçoada com fotoshop.

Para cada pessoa que atualizava os seus dados, propusemos que fosse entregue um pin com a expressão: "atualizado" ou "atualizada", caracterizando a situação da pessoa após ter se engajado ao movimento.

A penúltima peça veiculada apresentou o resultado da campanha, dizendo: 14.300 pessoas atualizaram seus dados.

É comum as empresas realizarem campanhas de engajamento e esquecerem-se de propiciar o retorno para as pessoas. Esse retorno é extremamente importante, pois uma das coisas que o público interno mais se queixa, nos esforços de diagnóstico que realizamos, é sobre o fato de as empresas não acompanharem os programas internos, nem darem retorno sobre os seus resultados.

A última peça que propusemos foi um anúncio para o jornal interno da empresa, cujo objetivo era fazer a manutenção da campanha. O anúncio tinha a seguinte mensagem: *mais uma mudança aconteceu? Atualize novamente os seus dados.*

A manutenção também é uma etapa muito importante. Uma campanha como essa pode ter um anúncio de manutenção veiculado a cada dois ou três meses no jornal interno, incentivando as pessoas a continuarem adotando o mesmo comportamento.

O objetivo de eu ter contado essa experiência é de chamar a atenção para o fato de que a criatividade não deve estar apenas no canal/veículo ou na peça/instrumento, mas também no conceito, no ícone que representará esse conceito e no planejamento das etapas.

Essa campanha nos fez ganhar a concorrência e manter a conta conosco.

Logo após, o nosso pessoal de criação criou e veiculou internamente na agência uma campanha com o seguinte slogan: massinhas de modelar, nunca mais. Queriam registrar o trabalho que deu representar todas as imagens da campanha com esse recurso.

Capítulo 7

Ganhando o mundo

Vivemos num mundo globalizado e isso não é mais novidade para ninguém. Global significa tomado em globo, integral, total.

Dentro desse contexto de mundo, até pouco tempo atrás, o que acontecia em nível de comunicação interna estava associado à chegada de empresas estrangeiras ao nosso País que, ao comprarem empresas brasileiras, traziam consigo a sua cultura e a executavam através de campanhas e materiais traduzidos para o nosso idioma.

Convivemos com um esforço nesse sentido: do global para o local.

Exemplo: uma grande empresa do setor bancário, cuja sede fica na Europa, recebeu a orientação de que deveria assumir os seis valores globais da empresa.

Até então, havia trabalhado, junto aos seus empregados, nove valores locais. O desafio era, portanto, fazer com que o público interno esquecesse os valores locais e assumisse os valores globais.

A nossa agência foi responsável pela criação dessa campanha e o primeiro obstáculo que enfrentamos foi o fato de não existir uma técnica ou uma estratégia capaz de fazer com que as pessoas esqueçam uma determinada informação.

O que nos tranquilizou foi saber que essa empresa, assim como tantas outras, não havia conseguido que os seus colaboradores internalizassem os nove valores locais. Portanto, não havia muito para esquecer.

Nossa primeira preocupação foi criar um *lettering* que identificasse essa campanha e que passasse a ser percebido como a marca dos novos valores da empresa.

Ao nos darmos conta de que todos os seis valores tinham a ver com movimento, criamos um *lettering* com a seguinte expressão: *você move nossos valores, nossos valores movem você.*

O segundo passo foi criar instrumentos de lançamento da campanha para as lideranças, que deveriam conhecer os novos valores em primeira mão. Depois disso, definimos etapas a serem trabalhadas. Vou contá-las, citando cada instrumento de comunicação utilizado para mostrar um pouco daquilo que pode ser feito para encantar o público interno.

Etapa sensorial

A primeira etapa foi sensorial. Queríamos que os colaboradores sentissem o que é valor.

Assim, trabalhamos peças com mensagens como:
- valor não tem forma definida, mas todo mundo sente;
- valor não tem voz definida, mas todo mundo ouve;
- valor não tem cor definida, mas todo mundo enxerga; e
- valor não tem sabor definido, mas todo mundo gosta.

Como instrumentos, criamos um anúncio aromatizado para ser veiculado na revista interna da empresa. Ao abrir uma parte do anúncio que tinha o formato de flor, as pessoas podiam sentir o seu perfume.

Como brinde associado ao conceito, sugerimos entregar a todos os empregados, independente de cargo ou função, um ioiô, brinquedo que sugere movimento e cuja forma arredondada nos permitia colocar o *lettering* com o conceito da campanha: *você move nossos valores, nossos valores movem você.*

Etapa de reflexão

A segunda etapa foi de reflexão, cujo objetivo era alinhar os conceitos relacionados com valor e propor a reflexão sobre o assunto.

Começamos com a sugestão de uma matéria na revista interna da empresa sobre valores pessoais. Depois, criamos um cupom a ser distribuído a todos os colaboradores, propondo que eles o preenchessem com seus valores pessoais. Depois de preenchido, esse cupom poderia ser trocado por um livro chamado *Valores para Viver*, que reúne artigos de diversos autores brasileiros.

Paralelamente, criamos móbiles de teto para decorar a área interna da empresa com mensagens como:
- valor é o que nos apoia;
- valor é o que nos sustenta;
- valor é o que nos impulsiona;
- valor é o que expressa o nosso sentimento;
- valor é o que alicerça as nossas decisões; e
- valor é o que nos define como pessoa.

Etapa de entendimento

O nosso objetivo com essa terceira etapa era permitir o entendimento das pessoas sobre tudo o que gera valor. Foi o momento de mostrarmos, através de cartazes e banners internos, que os valores de uma empresa são gerados pelas pessoas que nela trabalham.

Nessa etapa, colocamos adesivos nos espelhos de banheiro com o *lettering* da campanha. O formato da marca criada permitia que as pessoas se vissem dentro dela.

Etapa informativa

A etapa informativa apresentou os seis valores a serem assumidos pela empresa no Brasil. Essa apresentação aconteceu através de cartazes, banners e anúncios na revista interna. A chamada principal era: *o que vale para o mundo, vale para a (nome da empresa).*

Nessa quarta etapa, propusemos também que uma minicartilha, com a explicação de cada um dos seis novos valores, fosse aplicada na capa da revista interna. A minicartilha tinha formato de gaita e, ao ser aberta, apresentava valor por valor.

Sugerimos, também, a criação de um passaporte, sem o qual as pessoas não poderiam transitar pelas áreas internas da empresa, pois promotores estariam cobrando o porte do material com a explicação sobre cada um dos valores.

Etapa de aderência

A quinta etapa da campanha era de aderência aos novos valores do banco. Para essa etapa, criamos um álbum de figurinhas que permitia a associação dos valores às atitudes do banco como empresa no que se refere a programas de: responsabilidade social; preservação do meio ambiente etc.

O álbum de figurinhas era dividido por valor. A cada valor preenchido, as pessoas poderiam trocar por uma camiseta da *griffe* valores globais.

Etapa prática

A sexta e última etapa propunha o engajamento e a prática dos novos valores.

Para isso, criamos um talão de cheques, denominado cheque-valor, cuja proposta era fazer que as lideranças identificassem nas pessoas da base, atitudes e comportamentos relacionados com um determinado valor.

Ao identificar, a liderança deveria entregar um cheque-valor à pessoa, preenchido com o valor ao qual estava se referindo e à situação ou fato que havia gerado a distinção.

As pessoas da base, por sua vez, receberiam uma carteira de plástico, com a marca da campanha para guardar os cheques-valor recebidos. No final do período, os campeões de recebimento do cheque seriam homenageados e receberiam prêmios.

Além disso, propusemos que a revista interna da empresa passasse a veicular um encarte denominado *Valores na Prática*, através do qual pudessem divulgar situações relacionadas com a prática dos valores no dia a dia da empresa.

Resumindo a campanha, o objetivo era primeiro sensibilizar e fazer as pessoas refletirem para, depois, informar sobre os novos valores e propor a sua prática.

Muitas vezes, as empresas estrangeiras enviam campanhas, que nem sempre se adaptam a nossa realidade, para se produzir versões e veiculá-las no Brasil. No caso da campanha que acabo de citar, a orientação veio de fora para que ela fosse criada localmente. As duas situações têm sido bastante comuns.

Mas hoje estamos convivendo com a situação contrária: empresas brasileiras compram empresas no exterior e necessitam disseminar para o público interno local sua cultura, princípios, valores e até mesmo normas e procedimentos. Isso significa o processo inverso: do local para o global, ou seja, do Brasil para o exterior. É em função desses esforços que costumo dizer que estamos "ganhando o mundo" com o endomarketing que fazemos.

Alguns clientes nossos já demandam que todos os materiais de comunicação interna sejam produzidos em português, inglês e espanhol, a fim de que sejam enviados para as suas unidades nas Américas.

Recentemente, criamos, finalizamos e produzimos uma campanha, também sobre os valores da empresa, nos idiomas: português, inglês, espanhol, francês, japonês, chinês, árabe e norueguês. Outro esforço importante tem sido desenvolver fornecedores em outros países para produzir esses materiais e, assim, diminuir os custos com logística.

Obviamente, algumas adaptações são necessárias em função da cultura local. O correto é produzir uma versão e não simplesmente traduzir.

Segundo Nicole Almeida, *a internacionalização transforma a vida interna de uma empresa e constitui um novo desafio para a comunicação, que deve organizar novas formas de cooperação. Não é apenas uma questão linguística, não é apenas uma questão de tradução, mas uma grande questão organizacional e cultural.*

Temos tido um cuidado total com situações como, por exemplo, evitar o uso do amarelo por ser considerada uma cor relacionada com perigo e morte num determinado país. Questões religiosas, em alguns casos, também são bastante importantes.

Muitas vezes, utilizamos ícones que não são conhecidos nem admirados em outros países. Outras vezes, utilizamos estratégias de linguagem que, quando traduzidas, perdem completamente seu efeito. São detalhes que precisamos pesquisar e conhecer, a fim de que pequenas mudanças sejam feitas no sentido de adaptar os materiais.

Já que a adaptação à cultura de um determinado país é difícil de ser conquistada na sua totalidade, devemos tentar, pelo menos, não agredi-la com detalhes que, para nós, podem ser insignificantes, mas para eles são de extrema importância.

Capítulo 8

Analisa de Medeiros Brum

Há quem diga que isso vai acabar

Para o jornalista Guilherme Werneck, Diretor da Revista Trip, *existem coisas que pegam, mas nem sempre pegam bem. Pior do que expressões nauseantes do quilate de um 'tudo de bom' ou de um 'vamos combinar que', só aqueles raciocínios tortos, que enganam facilmente porque fazem todo o sentido no mundo na superfície, mas basta conectar uns poucos fios para perceber que é pura falácia.*

Tenho ouvido muito a expressão "isso vai acabar", quando as pessoas se referem à comunicação interna feita em papel.

Certamente, essa percepção deve-se ao fato de a telefonia fixa estar sendo superada, de um lado pelo celular e, de outro, pela voz sobre IP – tecnologia que está por trás tanto de programas de computador como o Skype quanto de telefones por cabo que estão sendo oferecidos com insistência pelas empresas de TV por assinatura.

Pensando na minha vida profissional, cujo início aconteceu quando eu tinha quinze anos de idade, como datilógrafa de máquina manual, eu poderia muito bem já ter decretado o fim do CD, do jornal e da TV de tubo. Eu estaria, também, economizando na compra de livros (com o que ocupo meu tempo de espera nos aeroportos), pois eles não existiriam mais.

Afinal, nesse discurso de que tudo será substituído, de que a troca é iminente, veloz e implacável, nada (ou quase nada) sobrará.

Ocorre que dizer isso não combina com o dia a dia da agência de propaganda interna que dirijo. Lá, pelo menos 80% do que criamos, finalizamos e produzimos é papel.

> **❝ Por mais que os meios eletrônicos e digitais tenham evoluído, a comunicação interna continua muito concentrada no papel. ❞**

Hoje, o que mais criamos, finalizamos e produzimos são cartilhas, manuais, cartazes, cartazetes, banners, folders, panfletos, cartões, adesivos, jornais, revistas, informativos, broadsides, displays etc.

A empolgação com a tecnologia chegou à comunicação interna, mas apesar de algumas empresas estarem utilizando meios eletrônicos e digitais com muita eficácia, isso não substituiu o papel, especialmente em instrumentos visuais que, além de cumprirem com o objetivo de comunicar, decoram a empresa.

Conheço organizações que possuem redes internas de televisão. Os equipamentos de geração são de alto nível. No entanto, as unidades dessas empresas não possuem um local adequado, nem monitores de qualidade para que o público interno assista aos programas que são produzidos.

Conheço empresas que não possuem redes internas, mas que produzem um programa de televisão mensal, com conteúdo estratégico, e mandam para as suas unidades, onde o líder local providencia que todos se reúnam para assistir. O resultado desse processo é ótimo, pois o programa, apesar de mensal, caracteriza-se como uma oportunidade única de contato da direção da empresa com o público interno das unidades.

Conheço, também, empresas que ainda estão muito longe de produzirem um programa de televisão para a comunicação com os seus colaboradores.

Conheço empresas que possuem intranets fantásticas, mas pouco acessadas pelo público interno, pois nos segmentos industrial e de varejo os colaboradores de base e de linha de frente, respectivamente, não possuem acesso a computador.

Conheço empresas que, equivocadamente, acreditam no e-mail como canal de comunicação interna, atingindo apenas as lideranças e o pessoal administrativo, pelo mesmo motivo citado acima.

Conheço empresas que possuem jornais eletrônicos, muitas vezes diários, que reúnem informações, fotografias e ilustrações, mas que convivem com reclamações constantes por parte daqueles que recebem esse tipo de abordagem. São pessoas que não possuem computadores com memória suficiente para abrir o veículo com a rapidez de que necessitam.

Uma das frases que mais ouvimos, nessas empresas, é: *os jornais eletrônicos lotam a nossa caixa de e-mail e, além da demora para abrir, nos fazem perder tempo*, o que representa uma miopia em relação à importância da informação, mas também uma realidade no que se refere à capacidade de acesso ao veículo.

Muitas vezes, ao desenvolvermos uma campanha interna, criamos banners eletrônicos para veicularem na *intranet* ou, até mesmo, um simples descanso de tela e, o que ouvimos, é: *a nossa rede não suporta*. Não temos como veicular.

Isso significa que não devemos utilizar os meios eletrônicos e digitais?

Sim, devemos utilizá-los. Mas quer dizer também que devemos encarar os meios eletrônicos e digitais como complementares. São canais que complementam a informação enviada por escrito ou colocada nas paredes da empresa, a que todos podem ter acesso.

Conheço empresas que se comunicam através de monitores de plasma colocados dentro dos elevadores. O processo acontece através da geração de caracteres. Isso faz com que a informação chegue de forma rápida e sistemática a todos os colaboradores que passam ou frequentam o local. Trata-se de um processo bastante eficiente em nível de informação. Mas tem um custo muito alto e muitas empresas não possuem condições de fazer esse tipo de investimento.

Temos um cliente que todos os dias, até às dez horas da manhã, envia um boletim eletrônico para os colaboradores que possuem acesso a computador. As lideranças, por sua vez, têm a responsabilidade de imprimir esse boletim e colocar nos jornais murais de suas áreas, a fim de que a informação atinja também as pessoas que atuam na base operacional ou linha de frente.

Esse processo é eficaz? Sim, mas não quando isolado. São necessários outros meios que também atinjam o pessoal da base, porém de forma mais direta.

Conheço empresas nas quais existe somente esse processo. O que ouvimos do pessoal de base operacional é: *a informação chega por e-mail primeiro para as lideranças e pessoal administrativo. Nós, da área operacional, só ficamos sabendo quando alguém se lembra de imprimir a mensagem e colocar no mural, ou seja, somos os últimos a saber.*

O jornal mural não deve ser uma decorrência do e-mail. São canais distintos, que devem ser administrados de forma igualmente distinta.

No entanto, é correto fazer com que o jornal mural tenha um espaço específico para a colocação do boletim eletrônico, quando impresso, a fim de que atinja a todos.

O errado é imprimir tudo o que chega por e-mail e colocar no jornal mural, muitas vezes sobrepondo uma informação à outra, outras vezes expondo informações consideradas estratégicas, que deveriam ser do conhecimento apenas das lideranças.

É o discurso do "isso vai acabar" que leva as pessoas a comprar o mesmo disco toda vez que há uma mudança de formato ou uma nova "masterização", a jogar fora o seu CD Player só porque um iPod é mais moderno.

Ao mesmo tempo, é o discurso do "isso vai acabar" que faz com que algumas pessoas acreditem que a comunicação interna será cada vez mais eletrônica ou digital.

Certamente, a evolução acontecerá e, à medida que as empresas tornarem-se mais bem equipadas em nível de tecnologia, poderão e deverão utilizar canais mais sofisticados de comunicação interna.

Mas neste momento, nada atinge melhor o pessoal de base operacional ou de linha de frente do que um bom informativo em papel, tamanho A4, com impressão frente e verso. Além de ter um custo acessível, permite que a informação chegue a todos de forma rápida, além de tratar o colaborador como indivíduo, já que muitas empresas entregam o veículo na mão de cada um.

Da mesma forma, um bom canal de comunicação interna pode ser um simples display nas mesas do restaurante da empresa. Temos feito muitos informativos que veiculam nesse tipo de canal.

Além do baixo custo de um display de acrílico, a informação pode ser colocada em folhas de papel A5. De um lado, informação de Recursos Humanos e, de outro, informação de Mercado e Produto.

Essa mesma informação poderá ser divulgada também na intranet ou no boletim eletrônico? Sim, já que são canais considerados complementares.

Além disso, a intranet permite que se trabalhe não apenas a informação, mas a explicação da informação, em função de haver espaço para abordagens mais detalhadas. Outro recurso importante da intranet é a interatividade, que permite ao colaborador fazer a sua pergunta ou deixar a sua sugestão ou contribuição, e receber o retorno por parte da empresa.

Resumindo, canais eletrônicos e digitais são importantes e eficientes. Entretanto, nem todas as empresas possuem condições tecnológicas para fazer com que realmente atinjam o público interno.

Enquanto isso não acontece, continuaremos fazendo comunicação interna em papel, até porque, quando discursos fatalistas começam a assustar as pessoas, está na hora de desconfiar do que está sendo dito e descobrir o que as empresas realmente estão fazendo para se comunicar para dentro.

ABCDEFGHIJKLMNOPQRSTUVWXY

Capítulo 9

… Analisa de Medeiros Brum

Informação: principal caminho para a motivação

Sabemos que o marketing não existiu nos sistemas escravista, feudal ou mercantilista. O marketing é um fenômeno intimamente ligado ao capitalismo porque este é um sistema econômico no qual de um lado existem produtores que criam e tornam disponíveis mercadorias e, de outro, estão os consumidores que demandam produtos considerados "de valor".

A satisfação das expectativas de ambos os lados (produtores e consumidores) ocorre quando se realiza a troca do dinheiro pela mercadoria. A compreensão disso é fundamental para o entendimento do que é capitalismo e, consequentemente, do que é marketing.

No início do século XX, as trocas começaram a se tornar mais difíceis, em função do crescimento da concorrência. O consumidor passou a ter mais opções de escolha e a se tornar mais consciente do seu papel. Da mesma forma, os agentes econômicos, responsáveis pela distribuição e circulação dos produtos, tornaram-se mais fortes e conscientes da sua importância para o ofertante.

Nesse cenário, o marketing nasceu como um instrumento capaz de incrementar os negócios da empresa ofertante a partir do conhecimento dos desejos do consumidor e do oferecimento de técnicas e estratégias de satisfação desses desejos. Em outras palavras, o marketing nasceu como uma forma de sucesso para a realização das trocas.

Mas se estamos utilizando a expressão endomarketing, que significa marketing para dentro ou marketing interno, também deve haver um objeto de troca nesta relação.

Qual o serviço ou o produto trocado no processo da comunicação interna? A informação.

> **A informação é o produto da comunicação interna e o "objeto de valor" que se estabelece na relação empresa/empregado.**

Obviamente, não há a circulação de dinheiro para a obtenção da informação e, sim, a troca da informação pela informação, estabelecendo uma via de mão dupla capaz de interessar a ambas as partes.

O conceito apresentado por Philip Kotler define endomarketing de uma forma bastante ampla, como um triângulo estratégico que une empresa, funcionário e cliente, o que torna mais fácil o entendimento da relação de troca. Empresa e público interno trocam a informação que, no final, acabará por beneficiar o cliente.

No momento em que uma empresa decide democratizar a informação internamente, permitindo que os funcionários saibam mais sobre a empresa, seus processos, mercados, produtos, serviços, metas e desafios, faz que se sintam parte do processo e, portanto, determina um nível maior de motivação pelo simples fato de colocá-los numa posição de importância.

> **Por outro lado, a empresa precisa da opinião e da participação do funcionário para produzir mais e melhor.**

Portanto, a informação não deve ser apenas algo que desce da parte de cima da pirâmide organizacional para a base, passando pelas chefias intermediárias. A informação deve também fazer o processo inverso, subindo para que a Direção da empresa possa conduzir a sua gestão com base em dados reais, além de poder contar com a visão dos funcionários sobre aspectos do seu dia a dia.

É um processo de troca de informação que, se bem feito, proporciona a satisfação de ambas as partes.

Tudo isso, bem estruturado, influencia decisivamente na conquista e fidelização do cliente. Como diz Jan Carlzon, no livro A Hora da Verdade, "um funcionário sem informação não pode assumir responsabilidades, mas um funcionário que recebe informação não pode deixar de assumir responsabilidades".

A informação, como produto da comunicação interna, serve para envolver funcionários num esforço único de aderência às estratégias e objetivos da empresa com o propósito de gerar diferenciais de qualidade para o consumidor final.

Mas as coisas não são tão fáceis assim. O público interno possui um acesso formal e, ao mesmo tempo, informal à informação. Em muitas empresas, pela falta de uma estrutura de comunicação interna, o acesso acaba se dando sempre de maneira informal, o que dificulta completamente todos os processos internos.

Por ter uma posição privilegiada a ponto de receber tanto a informação formal quanto a informal, o público interno pode ser considerado formador de opinião por excelência. Ele sai da empresa e a sua opinião passa a ser dividida com familiares, amigos, vizinhos etc. Tudo isso acontece muito rapidamente.

Algumas organizações já têm claro que a informação é o produto da comunicação interna e a principal estratégia de aproximação da empresa com os seus empregados. Esse é o motivo pelo qual tomam a decisão de adotar um programa de endomarketing, cujos recursos sejam capazes de fazer fluir a informação internamente.

É comum a empresa estar consciente da importância de trabalhar o processo da informação. Mas, na maioria das vezes, não possui uma cultura preparada para isso.

> **Mais do que canais e instrumentos, as empresas precisam de coragem para democratizar a informação internamente.**

Tivemos uma experiência bastante negativa neste sentido, quando atuamos numa empresa que parecia muito entusiasmada com a possibilidade de trabalhar a informação em todos os níveis.

Fizemos um levantamento de necessidades em nível de comunicação e marketing interno e de um planejamento que foi devidamente aprovado. Mas, na hora de implantá-lo, apareceram todas as dificuldades possíveis.

No planejamento estava previsto um conselho de empregados para dar suporte e sustentação a todo esforço, que a empresa nunca conseguiu reunir. As desculpas eram as mais variadas.

O planejamento também previa a implantação de um sistema de jornais de parede, com painéis espalhados por toda a empresa. Esses painéis foram produzidos, mas nunca afixados nos pontos de acesso onde deveriam.

Depois de muitas cobranças, soubemos que aquele modelo, que havia sido aprovado pelo cliente, não estava sendo considerado o mais adequado, segundo a sua percepção. Os painéis produzidos foram descartados.

A empresa partiu então para a criação e produção de outro modelo de jornal de parede, com o mesmo formato, porém com outro layout. Esse também não foi afixado. Foram necessárias algumas tentativas para que a empresa assumisse que não estava tendo coragem de se expor. No momento em que esse jornal começasse a funcionar, a "cara" da empresa estaria na parede.

Para eles, era mais fácil continuar com a revista interna, editada a cada dois ou três meses, cujas matérias passavam pela revisão de mais de dez pessoas. Na revista, não havia risco de exposição. Ela somente era impressa depois que todas as áreas haviam concordado (ou transformado) o seu conteúdo.

O jornal de parede deveria ter edições semanais. A informação precisaria ser processada de forma mais rápida e, certamente, não haveria tempo para tantas aprovações. Resultado: era melhor protelar o seu início. Faltava coragem às pessoas que estavam conduzindo o processo.

Também nessa empresa, havia ficado decidido que o endomarketing seria conduzido pelas áreas de Comunicação Social e de Recursos Humanos, em parceria. Jamais conseguimos nos reunir com as duas áreas ao mesmo tempo. Elas não desejavam trabalhar em conjunto pelo simples fato de não conseguirem se expor uma para a outra.

Cito esse episódio para ilustrar que não basta a intenção de trabalhar a informação corporativa, de recursos humanos, de produto etc. É preciso uma decisão muito forte nesse sentido e, acima de tudo, coragem não apenas da empresa, mas das pessoas designadas para coordenar o processo.

Sem a informação coerente, clara, verdadeira, lógica, centrada e bem trabalhada, não existem empregados motivados, por maiores que sejam os benefícios e incentivos.

A informação, dentro de uma empresa, é de domínio da sua direção. É a direção de uma empresa que toma a decisão que, mais tarde, vai transformar-se em informação para ser enviada, através das mais diversas formas, para as demais partes da pirâmide organizacional.

> **No caso de a decisão demorar muito para ser transformada em informação, as pessoas se encarregam de criar as suas versões.**

Isso acontece porque, do ponto de vista sociológico, a opinião do público interno independe do conhecimento que possui sobre o assunto. Ao contrário, ela advém de comentários gerados por grupos e feitos em grupos.

Capítulo 10

Analisa de Medeiros Brum

Juntando pessoas, áreas, unidades e empresas

A integração é, sem dúvida, decorrente de um bom processo de informação.

Hoje, as empresas convivem com ambientes muito competitivos, tanto interna quanto externamente, o que faz que tenham de administrar uma série de problemas no que se refere à integração entre pessoas, áreas e unidades.

Num determinado momento, fomos contatados por uma empresa de telefonia empresarial que nos disse: *queremos que vocês trabalhem para melhorar os nossos níveis de integração, pois somos uma empresa na qual as pessoas agem de forma muito individualista, as áreas não conversam etc.*

Essa empresa tinha um público interno composto por pessoas jovens com um nível de lealdade latente, ou seja, estão de passagem pela empresa (se outra marca os chamar e oferecer um salário maior, eles saem) e, principalmente, agem como se estivessem em *off*.

Os jovens, hoje, recebem uma quantidade tão grande de informação que isso, ao mesmo tempo, os faz permanecer "em off", ou seja, é preciso algo muito especial para fazê-los prestar a atenção em algo.

Tenho acompanhado o comportamento dos jovens na minha própria casa. Eles estudam dentro do quarto, com a televisão ligada num jogo de futebol, porém sem som, com um iPod nos ouvidos e mensagens de amigos entrando pelo MSN. Eles estão acostumados a receber muitas informações ao mesmo tempo e, por vezes, não prestar a atenção em nada. Trata-se de um público difícil de ser atingido.

Esse tipo de público interno é, sem dúvida, individualista, pois está construindo o seu futuro profissional e não costuma dividir isso com ninguém. O que eles dividem são músicas baixadas no computador, informações sobre as principais baladas etc.

Além disso, uma empresa de telefonia, cujo público interno possui essas características, geralmente atua totalmente focada para o mercado e para resultados. Como querer que essas pessoas se integrem profissionalmente? Como querer que as áreas conversem entre si, além do necessário? Não existe uma fórmula para isso. Por mais eventos que a empresa consiga realizar, as pessoas sempre estarão "no seu mundo".

Conseguimos convencer a empresa de que, para ela, a integração, mesmo que parcial, era quase utópica, pois não é possível integrar pessoas com esse perfil, numa empresa que precisa ser muito rápida para fazer frente a uma concorrência fortíssima em termos de mercado.

Argumentamos para a empresa que o que poderíamos fazer era trabalhar melhor a informação, a fim de que a integração fosse uma decorrência desse processo.

Melhoramos os níveis de informação. Ao receberem o mesmo tipo de informação e a mesma abordagem, ao conviverem com os mesmos programas internos e com as mesmas mensagens motivacionais, as pessoas tornaram-se um pouco mais integradas à empresa, o que representou resultados também em relação ao relacionamento dentro e entre as áreas.

Num outro momento, fomos contatados por uma empresa que havia comprado outra e desejava promover a integração.

Imediatamente, pedi para conversar com as pessoas reunidas em grupos focais, tanto numa empresa quanto na outra. A expectativa do presidente da empresa, quando conversou conosco, era de que trabalhássemos a integração através de ações de endomarketing.

Ao realizar o diagnóstico, percebi claramente que eram empresas diferentes e que dificilmente se integrariam de uma forma total. Eram empresas que produziam o mesmo produto, mas para mercados diferentes, e que continuariam a atuar separadamente, apesar de terem um mesmo presidente.

A empresa que comprou tinha sido dirigida, até então, por um italiano. Nessa empresa, as pessoas eram abertas, sorridentes e acostumadas com festas. A empresa que foi comprada tinha sido fundada por uma família de alemães, tinha um ar germânico, as pessoas eram fechadas, não levantavam a cabeça para cumprimentar, não estavam habituadas a celebrar.

Terminei o trabalho de diagnóstico numa sexta-feira e passei o final de semana pensando no que diria ao presidente. Tomei a decisão de dizer a ele que a integração, entre as duas empresas, não aconteceria através de ações como, por exemplo, proporcionar que as pessoas se visitassem, trocassem experiências etc.

Eram empresas muito diferentes. Dificilmente se entenderiam. Da mesma forma, se realizássemos um evento e convidássemos as duas empresas, cada uma ficaria num canto da festa. Mais uma vez, defendi a ideia de promover a integração como decorrência de um bom processo de informação.

Propus que criássemos um novo processo de comunicação interna, igual nas duas empresas, com espaços específicos para que uma pudesse receber informações da outra e, assim, irem se conhecendo e se aceitando. O presidente rapidamente se convenceu de que era preciso, primeiro, trabalhar a informação para, depois, realizarmos ações de integração.

Logo após a implantação do processo de informação, começaram a ser realizadas ações no sentido de fazer com que o público interno das duas empresas passasse a conviver e a trocar experiências.

❝ Acredito que a informação, quando bem trabalhada, acaba se transformando em conhecimento para o público interno. E o conhecimento, por sua vez, pode proporcionar bons níveis de integração. ❞

É o conhecimento que nos faz evoluir, nos torna seres humanos melhores. O que nos traz plenitude é, sem dúvida alguma, a sabedoria. O conhecimento nos conduz ao encontro do nosso propósito de vida e nos permite dedicá-lo em benefício de uma causa, empresa ou grupo.

Uma empresa tem a obrigação de proporcionar, ao seu público interno, a oportunidade de cultivar a curiosidade e desenvolver o gosto pela informação. Um bom processo de endomarketing é aquele que faz que as pessoas coloquem a sua criatividade em busca do conhecimento.

Esse exercício, ao longo dos anos, torna as pessoas mais competentes e mais preparadas para assumirem desafios, especialmente no que se refere à integração. Afinal, ninguém gosta daquilo que não conhece.

> **A integração da pessoa com a empresa pode ser amplamente trabalhada através da informação.**

O mesmo acontece com a integração entre pessoas. Não há nada que desintegre mais do que níveis diferentes de informação, especialmente quando algumas pessoas a utilizam como forma de poder.

Entretanto, a integração entre áreas é um pouco mais difícil, em função de os objetivos não serem os mesmos e, na maior parte das vezes, a estrutura e o funcionamento também não.

Ao longo de anos trabalhando com comunicação interna, nunca me deparei com uma empresa que pudesse contar com o privilégio da integração entre áreas. No segmento industrial, por exemplo, as áreas administrativa e de produção vivem em mundos muito diferentes. Por mais que se faça, essa é uma realidade que persiste.

Mas a integração é ainda mais difícil em empresas que possuem muitas unidades ou lojas. Vários dos nossos clientes convivem com essa realidade. Dentro desse contexto de dificuldades de integração entre unidades, lojas etc., o que temos encontrado é uma fantasia muito grande por parte do público interno.

As pessoas fantasiam que na outra unidade o salário é maior, os benefícios são melhores, os procedimentos não são os mesmos etc. Isso acontece muito em função da comunicação informal que se estabelece via e-mail ou por telefone. Infelizmente, a integração não é decorrente de aspectos positivos como, por exemplo, a troca de experiências e, sim, decorrente de boatos e de suposições.

Acredito que uma das maiores dificuldades do endomarketing está na questão geográfica, pois é bem mais fácil desenvolver qualquer processo de comunicação quando todo o público interno está num mesmo lugar.

Atendemos empresas cujas unidades estão espalhadas por todo o País, em estados com culturas e realidades muito diferentes, o que dificulta toda e qualquer ação.

Conheço um grupo empresarial no qual todas as empresas atuam de forma diferente, porém dentro de um mesmo segmento. São oito empresas. Sete delas estão localizadas no mesmo estado, na mesma cidade e dentro de um raio de cem metros de distância uma da outra.

Quase todas as pessoas dessas empresas almoçam no mesmo restaurante, entram e saem pela mesma portaria, têm direito aos mesmos benefícios, recebem os mesmos canais de informação e, mesmo assim, possuem sérios problemas de integração.

Durante o trabalho de diagnóstico, percebi que a única empresa que está localizada em outro estado é a que apresenta os melhores índices de motivação e de comprometimento.

Mesmo assim, ouvi dos seus líderes: *a gente não existe para eles; fazemos tudo para que eles nos enxerguem, mas não adianta,* ou seja, apesar de felizes, estão completamente desintegrados do restante do grupo.

As empresas têm sofrido para encontrar formas de promover a integração do público interno. Conheço algumas que possuem a capacidade de realizar, internamente, momentos inspiradores e de serem coerentes ao fazer isso. Elas costumam desenvolver recursos que ajudam o público interno a adotar atitudes positivas em relação à integração. Alguns desses recursos são programas como eventos, festas e outros acontecimentos que estejam de acordo com a sua natureza social.

É bem mais fácil desenvolver amor e confiança nos empregados quando a empresa proporciona e incentiva momentos de leveza e descontração. As festas e os acontecimentos sociais são, portanto, de grande importância para que as pessoas sejam encorajadas a conhecer melhor uns aos outros e a conviver também fora do ambiente de trabalho.

Mas a festa jamais deve ser realizada apenas "pela festa". É preciso ter um objetivo, um conceito maior. Tudo o que a empresa realiza internamente deve estar associado aos seus objetivos estratégicos, mesmo quando se trata de uma ação de integração.

Temos desenvolvido, para os nossos clientes, eventos temáticos de final de ano, onde os conceitos trabalhados possuem coerência com os resultados obtidos no ano anterior e com os desafios para o ano seguinte.

Certa vez, recebi o telefonema do diretor de uma empresa do estado de Minas Gerais. Esse diretor ligou-me para contar que a empresa havia *fechado o Estádio Mineirão* para a realização de uma grande festa que contou com a presença de todos os empregados e suas famílias. Para a festa, foram contratados vários shows de cantores famosos, distribuídos brindes etc.

Perguntei a ele qual havia sido o sentido da festa, quais conceitos tinham sido trabalhados. Ele me respondeu: *Nenhum. Queríamos apenas promover a integração das pessoas, por isso fizemos a festa.*

Fui obrigada a dizer a ele que a empresa tinha desperdiçado o investimento, ou seja, havia perdido a oportunidade de trabalhar um grande conceito ou até mesmo o seu posicionamento para dentro.

Acredito que as empresas devem investir em festas. Mas, exatamente por ser um investimento, devem aproveitá-las para trabalhar mensagens positivas, que tragam resultados tanto para as pessoas quanto para as organizações.

Da mesma forma, a empresa não deve investir em integração, sem que já tenha investido em informação.

Como querer integrar pessoas, áreas e processos, se o colaborador não domina as informações mais básicas sobre a empresa?

Como querer integrar pessoas, áreas e processos, se o colaborador sequer conhece a dimensão da empresa?

Como querer integrar pessoas, áreas e processos, se o colaborador sequer se sente integrado à empresa na qual trabalha?

Existe um *case* muito completo de integração, que faço questão de publicar neste livro, pois é algo do qual participamos, não apenas ajudando a construir, mas criando, finalizando e produzindo materiais.

Esse *case* é o Universo Vale, um conjunto de ações de integração desenvolvido pela antiga Cia. Vale do Rio Doce, hoje apenas Vale.

Vamos a ele.

Universo Vale

Contexto

Desde 1997, a Vale iniciou um processo de crescimento, que se intensificou a partir de 2001. A produção de minério de ferro passou de 107,3 para 240,4 milhões de toneladas. O valor de mercado da empresa saltou de US$ 11 bilhões em 2002 para US$ 25 bilhões em 2005 e alcançou, em 2006, US$ 70 bilhões. O lucro líquido aumentou de US$ 350 milhões em 1997 para US$ 2,573 bilhões em 2004. Ao longo desses anos, a Vale fez várias aquisições e ampliou sua oferta de produtos. É hoje uma empresa de atuação global, com operações nos cinco continentes, e pautada pelo compromisso socioambiental.

O público interno também cresceu: de pouco mais de 9 mil em 1997 para mais de 20 mil empregados diretos em 2005. Para 2007, a previsão é contabilizar mais de 50 mil. Esse rápido crescimento trouxe consigo uma grande necessidade: ampliar, de forma ágil, o conhecimento dos empregados sobre a Vale (mais de 50% com menos de 5 anos na empresa).

Objetivos

- Conhecimento: Disseminar informações e facilitar a compreensão do Universo Vale;
- Orgulho: Despertar mais o sentimento de pertencer à Vale, a partir do conhecimento sobre negócios, produtos, projetos e iniciativas da empresa.

A meta estabelecida era, ao final do projeto, ter empregados mais bem informados sobre a empresa, compartilhando a visão estratégica e gerando condições para que todos compreendessem a contribuição efetiva da companhia e de cada empregado à sociedade.

Públicos envolvidos

Como público foram considerados os empregados envolvidos em todas as operações da Vale no Brasil, incluindo seus familiares. Nesse universo, existem diferentes perfis: desde trabalhadores da área operacional como mineiros ou ferroviários com formação técnica, até profissionais com cargo de direção. No período do projeto, eram mais de 30 mil empregados, dos quais 40,46% têm entre 21 e 30 anos, 59,51% ingressaram na companhia há cerca de cinco anos, 87,98% são do sexo masculino e cerca de 60% possuem nível médio. Entre esses empregados, 6,13% possuem cargos de liderança, 0,25% são diretores, 0,84% são gerentes gerais, 2,25%, gerentes, e 2,78%, supervisores.

Planejamento e execução

O crescimento da organização e seus desafios futuros exigiam uma solução de comunicação completa, capaz de atingir todos os empregados, independentemente da sua localidade. A solução foi criar um projeto de comunicação que, durante um ano, passasse a fazer parte do cotidiano de todos, com ações que despertassem o interesse em colecionar informações e aprender sempre mais. Para isso, foram utilizados os veículos oficiais de comunicação interna, divulgando e dando suporte para as ações interativas que, por sua vez, ganharam notoriedade e privilegiaram o envolvimento do empregado do início ao fim.

- ***Confraternização de fim de ano – 2005:*** O conceito de Universo Vale foi lançado nas festas de final de ano de cada unidade. Ao todo, foram realizadas 23 festas, em dias diferentes, mas com o mesmo tema. A decoração e as atividades foram idealizadas para apresentar como a Vale está presente na vida das pessoas. Esse conceito deu início ao processo de mostrar o Universo Vale. Tanto a campanha de divulgação (cartazes, convites, notas na intranet, entre outros), quanto a ambientação do evento (fundo de palco, infláveis no formato de carro, computador, entre outros) e as atividades desenvolvidas levaram em consideração as diversas associações entre a matéria-prima gerada, os negócios da empresa (mineração, logística e energia) e o produto final, estabelecendo, assim, a conexão com o trabalho de cada empregado.

Uma das ações de maior repercussão foi "Encontre seu número". Num momento de integração, cada convidado era incentivado a procurar a pessoa com o adesivo que fazia a associação. Os 50 primeiros vencedores ganharam um porta-retratos.

- ***Álbum de figurinhas:*** Dentre as ideias pensadas para o projeto, estava um álbum de figurinhas. O conteúdo foi formatado com base em pré-testes realizados com filhos de empregados e os próprios empregados, e lançado em abril de 2006. Esse foi o grande instrumento de ligação da empresa, dos empregados e do Universo Vale durante todo o projeto. De forma lúdica, empregados e familiares passaram a colecionar informações sobre a empresa. A partir de abril, a cada quinze dias, cada empregado recebia dois envelopes com cinco figurinhas cada. Em uma quinzena, eles eram entregues em casa através de uma mala-direta. Na outra, através de um encarte no Jornal da Vale (jornal interno enviado para a casa dos empregados). As figurinhas colecionáveis completavam o álbum temático que trazia em suas 16 páginas curiosidades, imagens e informações sobre a Vale, seus negócios, valores, missão, visão e geografia, além de permitir a integração da família e dos empregados entre si. Além das figurinhas, 500 vales-brinde foram distribuídos. Os empregados puderam trocar os vales-brinde por *nécessaires*, bolsa de viagem ou um baralho de cartas personalizado do Universo Vale.

O lançamento do álbum mobilizou os empregados, que promoviam eventos e ações para trocar figurinhas, dentro do ambiente de trabalho e em outros locais como o ônibus de transporte para a empresa. Houve quem lançou classificados para a troca, realizou chás em casa, e até o voo fretado para os empregados no trecho Rio de Janeiro – Vitória – Belo Horizonte tornou-se uma oportunidade para a troca de figurinhas. A troca de figurinhas foi destaque também em tópicos de discussão na comunidade da Vale no Orkut.

- ***Cine Vale:*** Ao longo de 2005, a Vale produziu sete vídeos institucionais sobre os negócios da empresa. Os protagonistas foram os próprios empregados, valorizando a participação de cada um. Esses vídeos foram apresentados a todos por meio da iniciativa Cine Vale (sessões de cinema em todas as unidades da empresa), mostrando a dimensão da Vale a partir de cenas que retratavam a área operacional. Para divulgação das sessões, foi criada uma campanha em que o empregado era tratado como o principal personagem da história.

- ***Exposição itinerante:*** Através dessa ação, a Vale deu oportunidade para que os empregados olhassem de perto os minérios produzidos pela empresa, recebessem um folder explicativo sobre a contribuição dos minérios para a sociedade e, ainda, assistissem a filmes institucionais. Durante a exposição, eles tiveram a oportunidade de ganhar novas figurinhas e trocar as repetidas. Para ganhar os novos pacotes, precisavam responder perguntas sobre o Universo Vale. Essa ação durou cinco meses e percorreu todas as unidades da empresa no país, rodando mais de nove mil quilômetros.

- **Colônia de férias:** Todos os anos, a Vale realiza um encontro de filhos de empregados durante as férias, denominado "Colônia de Férias". Até 2005, o tema da Colônia de Férias era livre. Em 2006, ela aconteceu como mais uma ação para potencializar o Projeto Universo Vale. As brincadeiras, incluindo a apresentação de um desenho animado, abordavam os produtos e minérios da companhia.

- **Concurso de fotografias:** Para estimular mais a participação e o envolvimento do empregado no Universo Vale, foi desenvolvida uma ação complementar: o concurso interno de fotografias. Através dele, todos foram incentivados a fotografar aquilo que, em sua opinião, merecia ser mostrado e evidenciado, apresentando a sua visão sobre a empresa. Foram fotografados desde locais de trabalho e detalhes de equipamentos até áreas de preservação ambiental e confraternizações. Em cada unidade, foi eleita uma fotografia, e os vencedores tiveram suas fotos divulgadas nos veículos internos e receberam um pôster emoldurado com a ampliação da foto.

- **Premiação para quem completou o álbum:** Os 50 primeiros empregados a completarem o álbum ganharam brindes. Além disso, quem completasse o álbum até 31 de outubro concorreria a uma viagem para qualquer unidade da Vale no Brasil, com direito a levar a família. Foram sorteadas 15 viagens entre mais de 4 mil pessoas. A viagem foi uma oportunidade de conhecer um pouco mais a diversidade do Universo Vale. Cada sorteado pôde viajar com a família até uma unidade da empresa e passar o fim de semana conhecendo a respectiva região.

- **Confraternização de fim de ano – 2006:** Para encerrar o projeto, a Confraternização de fim de ano – 2006 reforçou o conceito de que o Universo Vale só é possível com a presença, o empenho, o envolvimento e a dedicação de cada um. Através do slogan "Quem Vale é Você", as festas traziam, em seus materiais de divulgação e ambientação, imagens de empregados de cada localidade no formato de figurinhas de álbum.

Apesar da integração das ações, alguns desafios tiveram que ser superados. A diversidade geográfica e cultural da Vale obrigou o desenvolvimento de uma logística específica. Uma forma de driblar essa dificuldade foi dar autonomia às regionais para adequação de algumas ações.

As unidades tinham de garantir que a principal ação (o álbum) chegasse às mãos dos empregados e que todos os eventuais problemas fossem contornados para manter o público interessado em completá-lo. A solução foi enviar o álbum por correio, via carta registrada, e monitorar a entrega através de um banco de dados com o status do álbum. Diariamente, uma relação dos álbuns devolvidos era enviada aos analistas de comunicação interna de cada unidade, que providenciavam para que todos recebessem o álbum.

Além disso, manter o interesse do empregado no projeto era mais um desafio. Para tanto, foi fundamental a articulação da equipe de comunicação, o planejamento, a manutenção e as avaliações parciais das ações durante todo o período.

Orçamento

R$ 1,6 milhão

Resultados alcançados

Os resultados foram medidos através do envolvimento e da participação dos empregados nas ações, na interação com os veículos internos e no resultado de uma pesquisa interna. Os dados levantados foram de ordem quantitativa e qualitativa e alicerçaram os dois objetivos e a meta desejada.

Mensuração

- Confraternização de fim de ano 2005: 100 mil pessoas, entre empregados e familiares.
- Álbum de figurinha: distribuição de 30.178 álbuns, 936.203 pacotes de figurinhas e 159.405 malas-diretas. Mais de 4 mil empregados conseguiram completar o álbum e concorreram ao sorteio de 15 viagens. 543 empregados solicitaram um exemplar extra do álbum. 80% de aprovação.
- Cine Vale: 22 unidades, atingindo cerca de 18 mil empregados. 66% de aprovação.
- Exposição itinerante: 595 álbuns foram preenchidos durante a exposição; 12.830 pacotes de figurinhas foram distribuídos, totalizando 64.150 figurinhas, e 7.835 empregados visitaram os estandes da exposição.
- Colônia de férias: 20 Colônias, mais de 5.500 crianças. 80% de aprovação.
- Concurso de fotografias: 14 premiados que receberam suas fotos ampliadas e emolduradas. 64% de aprovação.
- Confraternização de fim de ano 2006: participação de mais de 100 mil pessoas, entre familiares e empregados.

Avaliação

A cada etapa do projeto, foram feitas avaliações parciais e, ao final, as unidades realizaram uma pesquisa interna para apurar a satisfação e o aprendizado a partir do projeto. 2.700 empregados foram ouvidos, tendo as unidades e os níveis hierárquicos representados. Os resultados quantitativos foram:
- 90% dos empregados concordaram que o projeto ajudou a conhecer melhor a Vale.
- 84% dos empregados concordaram que se sentem mais informados sobre a empresa, seus negócios, localizações e produtos.

- 79% dos empregados concordaram que seus familiares tiveram acesso ao álbum e puderam conhecer melhor a Vale.
- 68% dos empregados concordaram que participaram das ações para aprender mais sobre o Universo Vale.

O principal resultado foi o alto índice de absorção de informações por parte dos empregados, o que os tornou mais preparados para enfrentar os futuros desafios da empresa. Esses empregados foram estimulados a saber mais sobre a Vale e, ao final, confirmar que o Universo Vale é feito por eles mesmos.

Capítulo 11

Liderança: o melhor caminho para a informação

A informação segue dois caminhos:
- por meio das lideranças; e
- por meio de canais, instrumentos e ações.

Esses caminhos são complementares. Entretanto, a liderança pode e deve ser considerada como o primeiro e principal caminho para o conteúdo da comunicação interna.

Vivemos um momento em que muitas empresas já dominam técnicas e estratégias de comunicação interna e endomarketing, mas sofrem com o fato de não terem preparado suas lideranças para participarem desse processo de maneira efetiva.

Hoje, os líderes devem ser capazes de promover o direcionamento da informação, ter uma visão empresarial ao repassá-la e fazer com que ela sirva de fator de motivação para o público interno. No entanto, esse é um longo caminho a ser conquistado.

Sempre que faço a análise de pesquisas de comunicação interna, vejo que as pessoas possuem a tendência de classificar a sua liderança como um canal de comunicação, mesmo que ela não atue como tal.

Mais do que um canal, o líder é a empresa. Ele representa a empresa, especialmente para as pessoas da base. Por isso, deve dominar um alto e bom nível de informação para poder atuar junto a esse público. Ocorre, no entanto, que nem todas as empresas possuem canais específicos para os seus gestores.

Quando as empresas referem-se às dificuldades enfrentadas pelas lideranças para assumirem o seu papel no processo da informação, sempre alerto que o problema está na ausência de canais e de instrumentos específicos para esse segmento de público interno.

Acredito que quando os líderes recebem a informação para repassar para a base, através de canais específicos para eles, acabam entendendo e assumindo o papel de intermediários entre a direção da empresa e a base da pirâmide organizacional.

Já me referi ao fato de o público interno possuir um acesso formal e outro informal à informação. Quando a liderança não comunica e o empregado não encontra a informação nos canais de comunicação interna da empresa, ele acaba se contentando com o acesso informal.

É nesse momento que acontece a entropia da informação, quando, por falta de uma versão oficial, o empregado cria suas próprias verdades e as dissemina junto aos seus colegas de trabalho.

Infelizmente, por não serem capazes de resolver determinados problemas, algumas empresas não apenas evitam falar sobre eles, como proíbem as lideranças de abordarem o assunto. O autoritarismo e a censura, mesmo quando disfarçados, ainda acontecem em empresas que acreditam que o melhor é esconder um determinado fato.

A informação pode ser sonegada e até mesmo proibida, mas não o boato. O vácuo da informação, nesses casos, é imediatamente preenchido pelos empregados, pois estes possuem um nível de criatividade capaz de gerar o grande tumulto da desinformação.

Quando o assunto é informação dentro de uma empresa, é melhor pecar pelo excesso do que pela falta, pois quando oficializada, mesmo que errada, a informação pode ser corrigida. Quando inexistente, o espaço para que as pessoas criem em cima do assunto é infinito.

Muitas empresas já sofreram no mercado com os efeitos dos boatos que foram gerados dentro delas, pelos seus próprios empregados, incluindo as lideranças.

Da mesma forma, quando informados sobre uma determinada crise e orientados sobre como abordar o assunto junto ao público externo, os líderes tornam-se capazes de auxiliar a empresa a enfrentá-la, mobilizando as pessoas da base.

> **❝ Empresas inteligentes criam oportunidades para que a comunicação interna aconteça de forma sistemática não apenas no que se refere a canais, instrumentos e ações, mas principalmente através das lideranças. ❞**

Para isso, desenvolvem sistemas de pautas eletrônicas periódicas que levam até os líderes as informações de que necessitam para realizarem reuniões de informação.

Algumas empresas desenvolvem inclusive padrões de reuniões, onde cada líder possui a responsabilidade por um ou mais rituais em que a informação deve ser disseminada verbalmente.

Devidamente instrumentalizado com as informações que deve repassar para a sua equipe e ciente das reuniões que deve realizar, o líder passa a atuar de forma sistemática como o primeiro e principal canal de informação da empresa. Os demais canais são, portanto, complementares ao papel do líder.

Entretanto, quando a empresa toma essa decisão e implanta um processo organizado para que a comunicação face a face aconteça a partir do líder, cabe a esse profissional aceitar o chamado para transformar-se num verdadeiro comunicador. A empresa pode incentivar, acompanhar, sugerir, mas não impor sua vontade.

Vocação vem do latim "vocare" que significa "chamar". Cada um precisa ouvir a sua voz interna, seu chamado para a comunicação. A primeira pessoa que um líder precisa liderar é ele mesmo. A maneira como um líder se sente, em relação ao seu trabalho, impacta diretamente no bem-estar de seus subordinados.

Trabalhei mais de vinte anos como empregada até passar a dirigir a minha própria empresa. Tive líderes que me inspiraram a descobrir meu talento e que me permitiram provocar resultados para as empresas em que trabalhei. Foram líderes com os quais aprendi e me diverti ao mesmo tempo. Esse, no meu entender, é o legado duplo que todo líder deveria ser capaz de gerar.

Quando vejo minha equipe se divertindo enquanto trabalha, procuro ver o quanto isso pode ser vantajoso para o meu negócio. Quando percebo que as pessoas conseguem rir de si mesmas e entre si no ambiente de trabalho, não considero isso um fato negativo e, sim, um sinal de energia, entusiasmo e espírito de grupo.

Ao mesmo tempo, procuro ter consciência do exemplo que represento para as pessoas que fazem o dia a dia da agência.

Hoje, existem alguns estudos que mostram como atitudes e sentimentos podem ser altamente contagiosos. Num dos exercícios que conheci, as pessoas são colocadas em grupos pequenos numa sala onde devem ficar sentadas, absolutamente quietas, sem interagir por alguns minutos.

Depois, todas elas saem. Os pesquisadores, então, avaliam o humor de cada pessoa antes e depois da breve exposição entre elas. O que normalmente descobrem é que a pouca quantidade de tempo que passaram entre estranhos foi suficiente para causar impacto no seu humor e que uma única pessoa é capaz de espalhar seu ânimo para todas as outras do grupo.

Por isso, a importância de o líder ter certeza de que está em estado de espírito positivo em relação ao seu trabalho e a sua equipe, da mesma maneira que ele espera que as pessoas reajam às suas ações.

Trata-se de um esforço diário. Os líderes precisam se preparar para o exercício da liderança todos os dias, além de decidir sobre a melhor maneira de gerenciar seu tempo e seus esforços, de forma a focar nos objetivos a serem atingidos.

Em resumo, para manter o seu pessoal motivado, concentrado e na direção certa, o líder também precisa estar motivado, concentrado e na direção certa. Isso significa que o próprio líder é quem deve decidir sobre a sua atitude pessoal, com base nos resultados que deseja alcançar.

Com relação à competência técnica, existem duas linhas de pensamento que, no meu entender, são conflitantes.

A primeira, diz que um líder deve saber desempenhar as funções de seus subordinados melhor do que eles. A outra, diz que o líder, para liderar, não precisa saber executar todas as tarefas dos seus subordinados.

Talvez exista um fundo de verdade em ambas as teses, assim como podemos analisar uma por uma e chegar à conclusão de que estão completamente erradas.

Em primeiro lugar, um líder escolhe os profissionais para a sua equipe a partir das habilidades que possuem. Numa grande organização, esse universo pode ser igualmente grande, o que muitas vezes impede um líder de dominar uma determinada técnica ou de superar o seu subordinado ao executá-la.

Em segundo lugar, um gestor, para ser considerado líder, precisa ser respeitado. E o conhecimento técnico contribui fortemente para isso. No entanto, sabemos que o respeito, na maior parte das vezes, é muito mais uma decorrência da inteligência emocional do que da inteligência técnica, ou seja, está relacionado com características muito mais pessoais do que profissionais.

> **❝ Tenho observado nas empresas para as quais trabalho que os líderes mais respeitados são aqueles que possuem habilidades de comunicação. ❞**

São aqueles capazes de identificar e satisfazer as necessidades legítimas de seus liderados e utilizam a comunicação para quebrar as barreiras existentes neste sentido.

As estatísticas mostram que uma pessoa, para comunicar-se, gasta:
- 65% do tempo ouvindo;
- 20% do tempo falando;
- 9% do tempo lendo; e
- 6% do tempo escrevendo.

Esses dados não valem para o mundo empresarial, onde atualmente as pessoas passam a maior parte do tempo lendo e escrevendo, em função do advento do e-mail.

Além disso, as escolas do mundo inteiro, nas últimas décadas, concentraram-se em ensinar as crianças a ler e escrever, e talvez até ofereçam uma ou duas línguas eletivas, mas não fazem nenhum esforço no sentido de ensinar a falar e a ouvir.

Lembro do sacrifício que foi, para mim, aprender a falar e a defender uma ideia em público. Sempre tive mais facilidade de me comunicar através da escrita, mas o fato de ter livros publicados fez com que as pessoas tivessem expectativas em relação a mim como palestrante.

Precisei fazer um esforço pessoal muito grande para me tornar uma boa palestrante. A minha geração não foi preparada para enfrentar esse tipo de desafio.

> **A comunicação direta, também conhecida como face a face, não é menos difícil, para as pessoas, do que falar em público.**

Muitos líderes, por timidez ou despreparo, enfrentam grandes dificuldades na hora de estabelecer um diálogo com a sua equipe ou um subordinado.

Sabemos que a comunicação face a face é tão ou mais importante que os métodos formais, além de estar alicerçada nas características pessoais de cada líder.

Ao transmitir um determinado nível de informação para a sua equipe, quando todos estão reunidos num mesmo local, um líder atua muito mais como um palestrante do que como alguém que está ali para conversar, especialmente se o grupo for grande.

Sempre que possível, a transmissão das mensagens deve ter o "tom de conversa" que aproxima e desinibe as pessoas de uma forma geral.

Muitas vezes, numa conversa, surpreendemo-nos defendendo um ponto de vista de tal forma que deixamos os ouvintes sem ação ou resposta. Nesses casos, o contato deixa de ser uma conversa para ser uma palestra, o que não é bom para o processo de comunicação face a face.

Para extrair o máximo de um processo de conversação com a equipe, o ideal é que o líder esteja preparado com as informações-chave que precisa repassar, sempre reservando um momento para o debate e para ouvir a opinião ou a dúvida das pessoas presentes.

O tempo pode ser curto para que sejam cumpridas todas as etapas, mas o importante é o contato pessoal, pois a oportunidade da comunicação face a face jamais deve ser desperdiçada.

Afinal, por mais tecnológicas que estejam as relações dentro de uma empresa, especialmente depois do hábito da mensagem eletrônica, as pessoas continuam querendo ouvir pessoas, ser atendidas por pessoas, conviver e tocar em pessoas.

É importante lembrar, também, que um líder não tem a responsabilidade de repassar apenas informações sobre o cotidiano na empresa, pois repassar conceitos, ideias e objetivos a serem atingidos aos seus funcionários também está sob a sua responsabilidade.

Assim, o ideal é que um líder, além das informações normais que precisa repassar, tenha sempre consigo um grupo de conceitos/ideias que julgue importantes para a empresa naquele momento e que precisam ser trabalhadas junto ao público interno. Ao fazer isso constantemente, o líder será visto como alguém que realmente valoriza os objetivos em questão.

Ao determinar a mensagem conceitual, o líder precisará, também, aumentar o número de possibilidades de encontro com as pessoas a quem deve repassá-las. Esta, provavelmente, é uma das partes mais difíceis, pois pressupõe levantar da cadeira e andar pela empresa ou área, provocando o contato pessoal com a equipe.

Quanto mais tempo fora da sua sala estiver um líder, mais contatos diretos de comunicação face a face ele estará fazendo. E quanto mais exercitar esse processo, melhor líder será.

Todos nós conhecemos pessoas que fazem isso intuitivamente, sem terem se preparado para serem bons comunicadores. Ao mesmo tempo, todos nós conhecemos pessoas carismáticas que parecem já ter nascido assim.

> **O carisma é uma característica fundamental para a comunicação face a face.**

As pessoas carismáticas costumam manter contato visual com quem estão falando. Se um líder puder observar as reações físicas do seu interlocutor, no momento em que está falando com ele, certamente poderá direcionar ou intensificar a sua mensagem para um resultado mais eficaz.

Líderes carismáticos cumprimentam as pessoas da empresa com simpatia e confiança, mesmo que não sejam da sua equipe. Líderes carismáticos lembram-se das pessoas, não apenas de seus nomes, mas de fatos a seu respeito que lhes permitem ir além de um cumprimento ou estabelecer uma conversa mais longa.

Mas mais difícil do que ser carismático, é servir como inspiração. Obviamente, uma pessoa carismática tende a ser inspiradora. Mas essa qualidade, se isolada, não é suficiente.

Nada inspira mais do que observar alguém que faz o seu trabalho com amor, qualidade e comprometimento. Nada inspira mais do que um modelo padrão. E dentro desse contexto, a integridade é fundamental, podendo ser considerada a essência de um líder inspirador.

Carisma e capacidade de inspiração são características de um líder que dificilmente conseguem ser repassadas através de um informativo, e-mail, cartaz ou jornal.

Por isso a importância da comunicação face a face, do contato pessoal diário, da capacidade que algumas lideranças têm de fazer com que o dia a dia em uma empresa seja prazeroso para as pessoas, independente de cargo ou função.

Capítulo 12

Analisa de Medeiros Brum

Motivação: uma responsabilidade a ser dividida

Lendo sobre os grandes líderes da humanidade, encontrei um nome com o qual jamais havia me deparado: Filippo Brunelleschi que, segundo consta, foi um dos primeiros arquitetos do mundo e teve, como desafio, construir a cúpula da Catedral de Florença, considerada até hoje a expressão da celebração renascentista do poder divino do indivíduo.

Em 1418, foi lançada uma concorrência para a escolha de um projeto para a cúpula da Catedral de Florença que fora iniciada em 1296 e permanecia inacabada até então. Em 1420, os maiores arquitetos da época reuniram-se em Florença para analisar as propostas, mas quando chegou a vez de Brunelleschi explicar suas ideias, eles riram diante do plano altamente polêmico que apresentara.

Asseguro-lhes que é impossível erguê-la (a cúpula, naquela época chamada de domo) de qualquer outro modo. Podem rir de mim, mas devem compreender, a menos que sejam obstinados, de que não pode nem deve ser construído de outra forma. Já posso visualizar a abóboda terminada e sei que não existe nenhuma maneira ou método de construí-la além dessa que estou explicando disse ele.

Depois de muitas discussões, Brunelleschi triunfou: seus planos foram aprovados e ele ganhou a concorrência. A partir daí, pesadas lajes de mármore deviam ser transportadas e, em seguida, içadas e equilibradas a muitos metros no ar. Para isso, Brunelleschi tinha que manobrar uma força de trabalho temperamental e, ao mesmo tempo, lutar contra as constantes tentativas de seus rivais de desacreditarem e minarem o seu trabalho.

Somente mantendo a visão ampla do domo acabado em primeiro plano, ele poderia suportar as dificuldades que o aguardavam.

Para termos uma ideia dessas dificuldades, basta dizer que sete anos se passaram até que um navio capaz de carregar cem toneladas de mármore branco, de Pisa a Florença, estivesse pronto. O navio percorreu apenas 25 milhas do percurso e afundou. Não foi possível resgatar a carga e uma outra precisou ser esperada.

Brunelleschi estava doente e desejava terminar a sua obra antes de morrer. Para apressar o trabalho, decidiu que os operários não deveriam descer para almoçar. Passou a servir a comida lá em cima, na própria área de trabalho, para aumentar os índices de produtividade e terminar a obra num tempo menor que o planejado.

Um dia, um dos operários estava de aniversário e ele mandou servir vinho para comemorar. No período da tarde desse mesmo dia, Brunelleschi percebeu que os operários trabalharam mais felizes, utilizando sua capacidade criativa e sugerindo formas de tornar o trabalho mais rápido. Brunelleschi passou, então, a servir vinho todos os dias.

No começo da primavera de 1446, a forma celestial da cúpula, conforme ele havia imaginado, estava concluída. Brunelleschi morreu dias depois de sua obra ser inaugurada.

Considero a história desse homem interessante, não apenas por ter sido um dos primeiros a alcançar e a transmitir a plena compreensão dos princípios da perspectiva na arte, mas principalmente porque mostra que em 1446 já havia líderes pensando em como motivar as pessoas para produzir mais e melhor.

Obviamente, esta não é uma apologia ao álcool. As empresas, hoje, possuem inúmeros programas voltados para a saúde e para o combate ao vício. Mas é um exemplo de que estar atento às reações dos empregados, observar e oferecer a eles as condições de que necessitam para alcançar os resultados que desejamos é o caminho mais certo a seguir.

Estudiosos americanos têm defendido a ideia de que é possível aprender a ser feliz ou, pelo menos, focar a felicidade como um objetivo de vida, tentando alcançá-la cotidianamente, a partir de atitudes e escolhas pessoais.

Os estudos que têm sido feitos neste sentido determinam quatro fatores para o alcance da felicidade. São eles:
- amar a si mesmo;
- amar ao próximo;
- amar aquilo que faz; e
- amar a empresa na qual trabalha.

Dos quatro fatores apresentados, dois (50%) estão voltados para o trabalho, demonstrando claramente que a felicidade completa somente pode ser alcançada se houver equilíbrio nos ambientes: pessoal e profissional.

Nesse contexto, podemos dizer que as duas grandes fontes de energia e de prazer na vida são realmente: o sexo e o trabalho. O mesmo sucesso que buscamos na vida profissional deve ser buscado também na vida pessoal e vice-versa.

A grande questão é: será que o prazer no trabalho realmente pode ser conquistado? Há quem acredite que, por estar vivendo a idade adulta, já perdeu todas as chances que possuía nesse sentido.

> **O homem é apenas 10% vocação e 90% adaptação. Isso significa que nunca é tarde para que a pessoa aprenda a gostar daquilo que faz e da empresa na qual trabalha.**

Além disso, nossa vida segue caminhos inimagináveis. De repente, uma determinada pessoa passa a trabalhar numa atividade ou num segmento que jamais imaginou atuar. E quanto mais trabalha, mais aprende;

quanto mais aprende, mais gosta; quanto mais gosta, mais deseja aprender; e o círculo se completa, determinando o prazer da tramitação.

O importante, neste cenário, é assumirmos a responsabilidade de fazer com que o trabalho seja mais uma fonte de prazer na nossa vida.

Quando desligamos o computador ou fechamos nossa agenda, no final do dia, com aquela sensação de ter realizado um bom trabalho, um projeto que será apreciado pelos nossos superiores, enfim, algo que agregará valor ao empreendimento ao qual nos dedicamos, estamos sentindo o prazer da tramitação.

Estou me referindo àquela sensação gostosa de dever cumprido, de ter feito justiça ao valor recebido por uma determinada tarefa, de ter trilhado a milha extra, ou seja, de ter feito mais do que os outros esperam de nós.

São essas pequenas coisas que nos permitem acreditar no trabalho como uma poderosa fonte de prazer. Segundo os especialistas no assunto, não podemos reduzir o ser humano ao aspecto genético ou ao psíquico, nem dar mais importância para um desses lados, pois os dois estão presentes na formação da felicidade.

A verdade é que o ser humano é biopsicossocial e a felicidade é uma interação complexa desses fatores. A capacidade de ser feliz tem a ver com a cultura familiar. É na família que as pessoas aprendem a ver a vida de forma otimista ou pessimista. Portanto, não é certo responsabilizar uma empresa pela felicidade das pessoas que nela trabalham.

Uma empresa pode se esforçar no sentido de proporcionar um ambiente no qual o bem estar físico e psíquico sejam possíveis, contribuindo fortemente para essa questão complexa e subjetiva que é a felicidade, na qual interferem fatores sociais, culturais, de gênero e tantas outras questões individuais.

O bem estar físico parece mais fácil de ser proporcionado, já que depende basicamente do conhecimento sobre as reais necessidades das pessoas no que se refere à infraestrutura para o trabalho e do investimento financeiro que a empresa está disposta a fazer.

Hoje, não é raro encontrar nas empresas academias de ginástica, restaurantes amplos e confortáveis, salas de descanso, creches para os filhos, enfermarias, gabinetes odontológicos etc., ao mesmo tempo em que os empregados possuem toda uma estrutura tecnológica para o exercício das suas funções.

O bem estar psíquico é mais difícil, exatamente pela sua subjetividade. Mas me atrevo a citar aqui dois caminhos que considero importantes. A empresa que consegue:

- criar e manter canais de comunicação abertos e diretos para fazer fluir as relações profissionais com clareza de regras, mensagens e papéis; e
- respeitar as diferenças existentes entre as pessoas e utilizá-las como fonte de crescimento e não de atrito;

certamente estará contribuindo para que as pessoas vivam num ambiente profissional mais feliz.

O primeiro dia de trabalho, a primeira semana, o primeiro mês numa empresa são sempre muito difíceis. Por maior que seja a capacidade de adaptação e de relacionamento da pessoa, é comum ela sentir-se tensa e insegura, pelo simples fato de ter que conviver com o desconhecido.

Mas podemos olhar para essa questão de outra forma: ninguém entra numa empresa com predisposição para odiá-la. Ao contrário, as pessoas, na sua maioria, quando ingressam numa empresa, o fazem de coração aberto, ou seja, estão disponíveis para amar tanto o ambiente quanto a função para a qual foram contratadas. Esse amor, no entanto, vai diminuindo com o passar do tempo.

É comum encontrarmos diretores de empresas que acreditam que o problema esteja no ser humano, na sua enorme incapacidade de reconhecer e amar aquilo que possui.

❝ A causa, na maior parte das vezes, está na dificuldade que a empresa possui de se comunicar com as pessoas que nela trabalham. ❞

Mais do que isso, a dificuldade está no fato de não conseguir trabalhar a comunicação como ação de tornar comum, compartilhando ideias e ideais com os empregados.

Por praticar uma comunicação precária e equivocada, a empresa afasta-se cada vez mais do público interno que, por sua vez, vai deixando para trás o amor que nutria pela empresa, especialmente no início desse relacionamento.

É exatamente como na relação homem/mulher. A falta de cuidado e de providências no sentido de resolver questões mínimas pode conduzir para um desgaste da relação que dificilmente consegue ser resgatada.

Dentro desse contexto, existe ainda outro lado a ser analisado: assim como as empresas, as pessoas também têm grandes dificuldades de se comunicar. Muitas vezes, elas precisam aprender a dar e receber *feedback*, num estímulo constante ao relacionamento aberto, transparente e sadio não apenas com a empresa, mas com seus pares, líderes e subordinados.

Hoje, não existe um único diretor de empresa, um único líder de área que não deseje descobrir uma forma de motivar sua equipe.

Costumo dizer que se as farmácias populares vendessem um spray que, borrifado sobre as pessoas, as tornasse motivadas, certamente muitas pessoas comprariam frascos e frascos, especialmente as mães de adolescentes.

Mas o que é exatamente motivação? A palavra quer dizer movimento para a ação. É um conjunto de motivos que levam um ser humano a empreender uma determinada ação. A motivação é um processo com intensidade, direção e persistência dos esforços de uma pessoa para o alcance de uma determinada meta.

As pessoas fazem dieta porque desejam emagrecer, estudam mais porque desejam adquirir conhecimento ou vencer uma determinada etapa ou concurso, trabalham mais porque desejam ser reconhecidas. O objetivo, no final, é importante para a intensidade da ação.

Isso significa que existe uma força interior que movimenta a pessoa a agir, porque ela assim o deseja, em função de fatores que a motivam a escolher esse caminho.

> **" A força interior, por sua vez, pode ser entendida como automotivação. Algumas pessoas possuem mais, outras menos. "**

Todos nós conhecemos pessoas que possuem condições precárias de vida, mas que chegam para trabalhar, todos os dias, altamente motivadas. É uma força que, normalmente, não sabemos de onde vem.

Da mesma forma, todos nós conhecemos pessoas que saem de casa depois de terem tomado um ótimo café da manhã, fazem o trajeto no seu carro com ar-condicionado, possuem uma vaga no estacionamento da empresa e, mesmo assim, começam a trabalhar demonstrando um alto grau de desmotivação.

Essa força interior entendida como automotivação é complexa e depende diretamente de fatores genéticos e ambientais. Em outras palavras, depende dos pais que tivemos, das escolas em que estudamos, dos professores com que convivemos, das empresas em que trabalhamos, dos líderes que tivemos etc.

> **" Tudo o que vivemos, desde o nosso nascimento, contribui para a nossa capacidade de automotivação. "**

Podemos dizer que essa capacidade representa 50% da motivação de um ser humano e não depende da empresa na qual ele trabalha.

Os outros 50% sim podem ser proporcionados pela empresa. São fatores e/ou oportunidades geradas pela empresa que, juntamente com a capacidade de automotivação que a pessoa possui, determinam o seu grau de motivação.

Refiro-me a tudo o que a empresa pode fazer para que a pessoa sinta-se parte importante do processo. São oportunidades de:

- aprender e se desenvolver;
- utilizar a criatividade;
- ter autonomia;

- assumir maiores responsabilidades;
- conviver com pessoas que admira;
- usufruir de benefícios e incentivos;
- participar de programas de integração; e
- receber um alto e bom nível de informação.

Existem, ainda, atitudes como: reconhecer publicamente um trabalho bem feito; verificar se o empregado possui as melhores ferramentas para realizar o trabalho que lhe foi atribuído; usar o bom desempenho como base para uma promoção; enfatizar o compromisso da empresa com a manutenção do emprego; proporcionar a participação nos lucros e; até mesmo, remunerar as pessoas de forma competitiva, atribuindo valor ao talento de cada um.

No entanto, muitos dos aspectos acima podem representar altos custos para a empresa ou estarem em desacordo com a sua política de gestão.

Neste caso, a motivação precisa ser decorrente de procedimentos bem mais simples como: dar aos funcionários as informações necessárias para a realização de um bom trabalho; cumprimentá-lo pessoalmente por uma tarefa bem feita; enviar-lhe uma mensagem escrita elogiando-o pelo seu desempenho (que ele possa mostrar para a família); solicitar suas ideias (mostrando o quanto é importante para a empresa); envolvê-lo diretamente com as questões e decisões relacionadas com o seu trabalho e com a sua área de atuação etc.

> **Tudo o que é feito no sentido de uma maior aproximação empresa/empregado, do programa mais sofisticado à ação mais simples, está inserido no contexto do endomarketing.**

Da mesma forma, atitudes desatentas como: oferecer a mesma recompensa, todos os anos, independente do desempenho individual; não ser específico ou oportuno ao fazer um elogio; não fornecer informações sobre o negócio da empresa; usar de ameaças ou coações para que uma tarefa seja realizada; não cumprir as promessas feitas e tratar os colaboradores de forma impessoal; são técnicas de afastamento empresa/empregado que prejudicam qualquer programa de gestão.

O mérito da empresa deve estar em descobrir com os próprios empregados sobre aquilo que os motiva. Para isso, é importante lembrar-se da velha pirâmide de Maslow, que nos mostra os diferentes estágios relacionados às necessidades do homem. Através dela, é possível perceber que aquilo que motiva um funcionário comum, localizado na base da pirâmide organizacional, está relacionado às necessidades de segurança e sociais, enquanto o que motiva um executivo que ocupa um cargo de liderança, provavelmente esteja relacionado com ego, estima e autorrealização.

Existem, portanto, duas variáveis que são complementares: automotivação e estímulo. A primeira está dentro de cada pessoa. A segunda pode e deve ser proporcionada pela empresa.

> **❝ Nenhuma empresa pode se responsabilizar por 100% da motivação de uma pessoa, pois pelo menos 50% depende exclusivamente dela e da sua história de vida. ❞**

Em outras palavras, nós é que nos motivamos ou não. Cada um constrói, ao redor de si, o mundo no qual deseja viver ou trabalhar. Cabe à empresa, estimular.

Mas a grande questão é: o que as empresas desejam, hoje, é motivação? O que as empresas desejam é ter empregados sorrindo o tempo todo, cantando, dançando, vestidos com uma camiseta com a marca da empresa e com um bottom de um programa corporativo no peito?

Certamente, não. O que as empresas desejam hoje, é mais do que motivação. É engajamento.

> **As empresas desejam ter empregados engajados aos programas, projetos, processos e objetivos internos.**

As empresas desejam ter empregados engajados para obterem maiores níveis de qualidade, maiores índices de produtividade e, principalmente, um excelente atendimento ao público.

Como não existe uma fórmula pronta para a motivação e o engajamento, e as farmácias ainda não começaram a vender o spray tão desejado pelos diretores e demais líderes de empresas, o que fazer?

Através da comunicação, a empresa pode estimular as pessoas trabalhando os dois aspectos que norteiam tudo o que estou colocando neste livro: a informação e a integração.

É importante lembrar que a informação deve ser priorizada no sentido de contribuir para a integração. Sempre sugiro para as empresas que, primeiro, desenvolvam um bom processo de informação para, depois, realizarem ações de integração.

Além de um movimento interno com o foco na informação e na integração, o endomarketing deve ser visto como um processo capaz de tornar comum, entre as pessoas que compõem o público interno de uma empresa, objetivos, estratégias e resultados.

Estou falando de:

- objetivos = informação;
- estratégias = informação; e
- resultados = integração.

Isso significa que deve ser informação, mais informação e, depois, integração.

Para entender a informação como um dos principais fatores de motivação, basta lembrar que ninguém luta por uma meta sem saber que ela existe.

Sempre que um alto nível de informação é disseminado internamente, seja através de canais, instrumentos e ações, seja através das lideranças, os empregados passam a ter aquilo que chamamos de envolvimento espiritual com a empresa.

Capítulo 13

Analisa de Medeiros Brum

Nunca espere 100% de resultado

Ao adotar um processo de comunicação interna, a empresa nunca deve esperar 100% de resultado em nível de informação, integração, motivação e/ou engajamento.

É preciso ter consciência de que uma mesma informação será percebida de forma diferente por pessoas diferentes. A informação, percebida diferentemente, será processada também de forma desigual, porque há, entre as pessoas, diferenças cognitivas determinadas pelo seu conteúdo de memória.

A memória humana não é um sistema passivo como a dos computadores, que recebe a informação codificada e a armazena assim como foi recebida, independente da sua importância ou ordem de chegada.

O ser humano julga a informação recebida, considerando-a relevante, irrelevante, verdadeira, falsa, prioritária, não prioritária etc. antes de colocá-la na memória. Neste caso, a ordem de chegada é importante porque a informação recebida pode combinar, complementar, destoar ou até mesmo desfazer aquela que já existe arquivada.

O julgamento feito pelo ser humano é determinado pela sua escala de valores e critérios de relevância, seus limites de racionalidade, seus objetivos pessoais, seus objetivos grupais, seu estilo de liderança, suas limitações etc.

> **❝ Toda e qualquer resposta do público interno é uma variável constante, com a qual precisamos aprender a conviver. ❞**

Assim, temos que aceitar o fato de que o sucesso de um esforço de endomarketing não depende apenas do posicionamento, do conceito, dos canais, instrumentos e ações ou da capacidade de sedução do programa.

São exatamente essas variáveis que determinam os problemas comportamentais de participação, de motivação, de dificuldades de persuasão e aceitação de processos de mudança que existem internamente nas organizações.

Através de uma abordagem bem simples, podemos dividir as pessoas em dois grupos: positivos e negativos.

O positivo é uma pessoa flexível, organizada em suas relações e pró-ativa, ou seja, na maior parte das vezes sabe o que quer e como deve agir para atingir seus objetivos.

O negativo, ao contrário, é alguém que reclama, acusa, procura por culpados e passa uma grande parte do seu tempo procurando desculpas para aquilo que não sabe fazer ou explicar.

O ideal seria que as empresas fossem compostas, na sua totalidade, por pessoas com comportamento positivo. Mas isso não é possível. Existem, nas empresas, pessoas que possuem comportamentos muito negativos, às vezes provocados, aceitos e reforçados pela própria empresa, às vezes determinados por fatores sociais e econômicos adversos.

Exatamente porque as empresas possuem pessoas negativas que dão uma conotação igualmente negativa à informação que recebem, é que tudo deve ser oficializado. Caso contrário, a entropia da informação encontra o cenário ideal para atuar.

Sabemos que qualquer mensagem, por mais trivial que seja, sofre um processo de perda e dissipação ao ser transmitida verbalmente. Por isso, nenhuma empresa pode pretender controlar o uso que seus funcionários darão às informações que recebem dessa forma.

A realidade e o alcance da entropia da informação, como é denominado este processo, foram estudados em detalhe pela moderna psicologia experimental.

Uma informação que é transmitida de boca em boca, por certo número de indivíduos, sofre alterações cumulativas, ao longo do caminho, até tornar-se algo inteiramente distinto do que era na sua origem. A análise dos resultados obtidos é conclusiva e mesmo mensagens curtas e simples podem sofrer alterações surpreendentes.

Esses dados podem até ter uma dose de exagero, mas servem para mostrar o quanto as empresas devem levar em consideração o fator que, na maior parte das vezes, determina a criação das famosas "rádio peão" ou "rádio corredor".

Ao mesmo tempo, é importante lembrar que fatores como engajamento e motivação também contribuem para a opinião pública interna, além de serem determinantes para o clima organizacional.

O grande desafio das empresas, hoje, é transformar funcionários em aliados, sem esquecer que uma estrutura empresarial democrática depende basicamente da liberdade da informação, do incentivo à criatividade e do livre curso das ideias.

Mais do que simplesmente informar através de canais e instrumentos oficiais, que não possam ser distorcidos, é necessário: provocar a emoção dessas pessoas, especialmente das que apresentam características negativas, para que possam contribuir com a sua participação e não apenas destruir aquilo que lhes é proposto.

> **❝ O fato de não ser possível obter 100% de resultado, por melhor que seja o processo, não deve desmotivar os profissionais envolvidos. ❞**

Ao longo de anos trabalhando com comunicação interna para empresas de todo o país, nunca vi nenhuma se arrepender de ter investido nesse sentido.

Capítulo 14

Analisa de Medeiros Brum

Ouvindo o público interno

Sempre que começamos a trabalhar para uma empresa, o nosso primeiro ato é ouvir as pessoas com o objetivo de:
- conhecer os sentimentos e as percepções do público interno sobre a forma como a empresa, até então, vem se comunicando com ele; e
- levantar necessidades de comunicação e marketing interno, identificando espaços a serem preenchidos em nível de informação e de integração.

Esse processo de diagnóstico é focado nos seguintes fatores:

- Perfil do público interno;
- Processo da informação;
- Níveis de informação, de integração e de motivação;
- Canais, instrumentos e ações de comunicação interna;
- Comunicação interna informal;
- Imagem interna da empresa;
- Imagem externa da empresa;
- Comunicação face a face;
- Percepção sobre programas corporativos;
- Percepção sobre campanhas internas.

A técnica utilizada é a de grupos focais, que prevê a reunião de pessoas para discussão de assuntos colocados em pauta por um período de uma hora.

Os grupos são heterogêneos, compostos por até quinze pessoas, representando todos os cargos e áreas da empresa, porém separados por nível: lideranças; chefias intermediárias; e base; tanto administrativas quanto operacionais.

Esforços como esse deveriam ser realizados pelas empresas, pelo menos, a cada dois anos, pois resultam num retrato do sentimento e da percepção das pessoas em relação à empresa e seus processos.

É importante ressaltar que isso nada tem a ver com clima organizacional, embora apareçam alguns aspectos relacionados com esse tema. Trata-se de um levantamento focado em comunicação interna com os objetivos de criar, implantar ou aperfeiçoar um processo.

Por mais que se fale na importância da comunicação de mão dupla, para que as pessoas não apenas recebam informações, mas tenham a oportunidade de falar, questionando, sugerindo e contribuindo com ideias e opiniões, esta ainda é uma questão bastante delicada para as empresas.

Muitas ainda têm medo de implantar processos interativos ou ouvidorias, e com razão. Os processos interativos que proporcionam aos empregados a oportunidade de contribuírem com ideias e sugestões para a empresa, na maior parte das vezes, não têm sucesso.

> **❝ Poucas são as empresas que estão preparadas para colocar em prática todas as ideias e sugestões que chegam através dos programas interativos. ❞**

Ao verem que a empresa não consegue adotar suas ideias e sugestões, os colaboradores passam a desacreditar do programa.

É por isso que, quando visitamos empresas, encontramos caixas de sugestões espalhadas pelas áreas, sem que haja algo dentro. Quando perguntamos, as pessoas respondem: *essas caixas são de um programa que a gente nem sabe se existe mais.*

O que temos proposto aos nossos clientes, neste sentido, são programas interativos que incentivam o empreendedorismo e não apenas ideias e sugestões, ou seja, as pessoas precisam ter a ideia, colocá-la em prática e testá-la para, depois, inscrever o seu *case* e concorrer a prêmios.

Assim, a empresa atribui a responsabilidade pela execução à pessoa, o que deve ser gerenciado pela sua liderança. Outro benefício desse tipo de programa é o fato de que as pessoas somente sugerem aquilo que é factível, pois a ação dependerá delas próprias.

A seguir, um modelo de regulamento de ação de empreendedorismo:

Programa empreendedor: Uma boa ideia, todo mundo reconhece

Texto utilizado nas peças

Sabe aquela boa ideia que você sugeriu para melhorar o processo de trabalho? Chegou a hora de mostrar a todo mundo porque ela mereceu ser adotada e quais foram os resultados que ela trouxe.

Monte um *case* explicando detalhadamente todo o processo e entregue na Área de Comunicação Corporativa da empresa. Os melhores serão divulgados mensalmente e, no final do ano, concorrem a uma moto e a notebooks.

Participe e deixe todo mundo reconhecer o valor das suas ideias.

Regulamento

1. Quem pode participar
O Programa Empreendedor é aberto a todos os colaboradores, independentemente de cargo ou função, que tenham sugerido e executado com sucesso alguma prática com o objetivo de melhorar seu processo de trabalho na empresa.

2. Inscrição

2.1. Serão aceitos os trabalhos inscritos até o dia 5 (cinco) de cada mês e entregues completos na Área de Comunicação Corporativa da empresa.

2.2. Os trabalhos deverão ser redigidos em fonte Arial e conter, no máximo, cinco páginas em folha A4, respeitando 10 como o tamanho de fonte mínimo e 1,5 cm de margem mínima, tanto esquerda como direita.

2.3. Os *cases* deverão conter a seguinte estrutura:

    2.3.1. Apresentação do problema – no máximo uma folha A4. Nesta parte do trabalho explorar a relevância do *case* para a empresa.

    2.3.2. Solução e Estratégia – no máximo três folhas A4. Nesta divisão o candidato deverá redigir e contar as estratégias definidas, apresentando a solução encontrada e a sua relação com o problema.

    2.3.3. Resultados – no máximo uma folha A4. Apresentar dados quantitativos e qualitativos, sempre que houver. Relacionar como era antes da solução e como ficou depois.

2.4. Os trabalhos inscritos em desconformidade com este regulamento serão desclassificados e não participarão de nenhuma das etapas do processo de julgamento.

3. Julgamento

3.1. Os *cases* serão julgados por uma comissão, formada por cinco membros, que avaliará cada trabalho segundo os seguintes critérios:

    3.1.1. Criatividade e inovação;

    3.1.2. Pertinência das ações;

    3.1.3. Razoabilidade: recursos empregados perante o retorno do investimento;

    3.1.4. Resultados apurados.

3.2. A decisão da comissão será soberana, não cabendo qualquer recurso ou impugnação. Eventuais dúvidas serão discutidas e examinadas pela mesma e, se necessário, contatado o responsável pela inscrição do trabalho.

3.3. Os casos não previstos neste regulamento serão examinados pela Diretoria da empresa em conjunto com a comissão julgadora.

4. Premiação
A premiação será feita de duas formas:
4.1. Reconhecimento mensal – divulgação dos três melhores trabalhos, em ordem de classificação, inscritos até o dia 5 do mesmo mês, nos canais de comunicação interna.
4.2. Premiação anual – Os três vencedores de cada mês estão, automaticamente, classificados para a premiação anual, da seguinte forma:
>4.2.1. Os primeiros colocados de cada mês concorrem entre si a uma motocicleta Honda NX 150.
>4.2.2. Os segundos colocados de cada mês concorrem entre si a um notebook Dell D520.
>4.2.3. Os terceiros colocados de cada mês concorrem entre si a um notebook 131L.

5. Data da premiação anual
A empresa, por meio de sua comissão julgadora, irá divulgar nos canais de comunicação interna da empresa a data, horário e local do evento de premiação, ainda a serem definidos.

6. Disposições gerais
6.1. Os colaboradores que forem demitidos ou pedirem demissão da empresa estarão automaticamente fora da ação e, consequentemente, das premiações.
6.2. Ao se inscreverem, os candidatos concordam com a utilização gratuita de seu nome, voz, imagem e trabalho para divulgação em qualquer meio de comunicação, nacional e internacional, em língua portuguesa ou traduzida para outros idiomas, na forma impressa ou eletrônica.
6.3. Os trabalhos apresentados não serão devolvidos, passando a fazer parte do acervo da empresa.

Com essas regras, a responsabilidade de executar a ideia passa a ser do empregado e não da empresa. Além disso, o programa caracteriza-se, também, como uma ação de incentivo, pois contempla premiação.

O momento de ouvir o empregado é sempre caracterizado por dúvidas por parte das empresas.

Conheço empresas que fazem de uma ação como o "Café com o Presidente", por exemplo, uma oportunidade para ouvir as pessoas. Assim, a conversa acontece de maneira informal, sem que o evento se torne um cenário para queixas e reclamações.

Outras empresas fazem reuniões que chamam de pingue-pongue. São oportunidades em que um ou mais membros da direção colocam-se à disposição das pessoas, num determinado dia, horário e local, para responder perguntas feitas pelos empregados. Normalmente, para esses eventos, são utilizados os auditórios das empresas.

Recentemente, uma empresa nos solicitou um projeto de ombudsman interno que, resumindo, deveria funcionar da seguinte forma:
- um consultor externo faria o papel do ombudsman;
- esse consultor dedicaria à empresa dois dias por semana, num total de 16 horas de trabalho;
- essas 16 horas seriam divididas em 32 momentos de 30 minutos;
- as pessoas se inscreveriam com antecedência para conversar com o ombudsman interno. As primeiras 32 pessoas a se inscreverem, participariam da atividade naquele mês;
- o ombudsman teria 30 minutos de conversa com cada pessoa, ouvindo o que ela teria a dizer;
- o conteúdo dessa conversa seria registrado e, depois, consolidado pelo consultor;
- logo após a sua consolidação, o material seria disponibilizado numa edição especial do jornal mural, acompanhado do posicionamento da empresa à respeito de cada assunto.

Para contar sobre esse projeto, utilizei os verbos no pretérito perfeito porque ele não foi realizado.

Ao entregarmos o projeto, conversamos com a empresa sobre os riscos que ela estaria correndo com a sua adoção:
- um consultor externo estaria ouvindo as pessoas em nome da empresa, ou seja, estaria representando a empresa;

- o ombudsman poderia ser visto apenas como uma pessoa para a qual os empregados poderiam se queixar de tudo e de todos;
- a passividade que caracteriza o ombudsman, ao ouvir os empregados sem expressar sua opinião ou sentimento, poderia ser diretamente associado à empresa;
- o conteúdo, mesmo depois de consolidado, poderia ficar grande demais, dificultando a sua publicação;
- a empresa teria que realmente se posicionar sobre todos os assuntos colocados, o que poderia gerar descontentamento em pelo menos uma parte do público interno; e
- nem sempre a empresa teria uma resposta para dar. No momento em que isso se repetisse, o programa perderia a credibilidade junto aos empregados.

É difícil encontrar, no mercado, um programa de ombudsman que tenha conseguido alcançar resultados satisfatórios, exatamente pelos motivos colocados acima.

> **Para dar certo, um esforço de ombudsman precisa trabalhar três aspectos ligados à confiança: a credibilidade, o respeito e a justiça.**

Por contemplar fatores tão importantes, a função do ombudsman exige muito cuidado, conhecimento em psicologia organizacional e, principalmente, muita maturidade.

Quando dizemos que o endomarketing é um processo vertical e que a informação deve descer (da empresa para os empregados), mas também subir (dos empregados para a empresa) é preciso levar em consideração a complexidade desse processo.

Os motivos que fazem a informação mais descer do que subir em todas as empresas que conhecemos estão no fato de que, ao ser ouvido, o empregado espera uma reação imediata por parte da empresa que nem sempre pode acontecer.

Quando o endomarketing começou a ser falado e utilizado, muitas empresas passaram a fazer concursos internos para tudo, privilegiando sempre a opinião e a decisão do empregado.

Assim, ao lançarem um programa, canal ou instrumento, realizavam concurso para a escolha do nome e, em alguns casos, até mesmo do formato. Uma atitude extremamente errada, pois uma empresa que acostuma o seu público interno a opinar sobre tudo e segue sempre a sua opinião, acaba sendo muito questionada quando toma uma decisão e implanta algo sem esse tipo de participação.

Houve uma época em que nenhuma empresa lançava um jornal interno sem que, para a escolha do nome, tivesse havido um concurso. Talvez seja exatamente por isso que encontramos tantos jornais e boletins internos com o mesmo nome.

A comunicação interna é uma responsabilidade da empresa, assim como a definição, formato, periodicidade e outros detalhes dos canais, instrumentos e ações.

Obviamente, é importante contar com a participação do público interno. Mas não para tudo.

> **O ideal é que a empresa faça, no máximo, um ou dois concursos internos por ano. Mais do que isso significa tornar-se refém da opinião do empregado.**

Um processo interativo bastante simples é estabelecer, ao final de cada reunião da liderança com os seus subordinados, um espaço para que as pessoas possam se manifestar.

Mas para que isso realmente tenha resultado, é preciso que as lideranças estejam orientadas para consolidar as opiniões e enviá-las à direção da empresa por meio de um canal ou ação planejada para isso.

> **O líder tem um papel muito importante no sentido de fazer com que o público interno sinta-se ouvido.**

Quantas vezes, no ambiente de trabalho, os relacionamentos ficam ameaçados porque um líder não parece estar ouvindo o que o subordinado ou toda a equipe está querendo dizer?

Saber ouvir é, talvez, uma das técnicas de comunicação mais desafiantes. Como comunicador, a eficiência do líder pode ser dificultada ou melhorada pela maneira com que ele ouve o que as pessoas dizem.

Saber ouvir garante a sobrevivência de qualquer tipo de relacionamento, seja ele pessoal ou profissional. Além disso, ao saber ouvir, o líder é capaz de entender corretamente e elucidar as intenções da equipe.

Harvey Robbins classifica o ouvir de forma eficaz como um jogo de pingue-pongue (mesmo nome utilizado por algumas empresas para programas interativos), em que para se jogar é preciso uma superfície lisa, além de aprender a bater e a rebater a bola.

O ambiente físico cria essa superfície e favorece ou não a interação entre o líder e a pessoa que deseja falar com ele. Portanto, criar um ambiente em que seja possível ouvir de forma saudável é fundamental, se o líder desejar que a outra pessoa sinta que a conversa dos dois é realmente importante para a empresa.

As pessoas, de uma forma geral, sentem-se bem quando podem usar seu conhecimento e interesse para ajudar a resolver problemas das empresas nas quais trabalham. A maneira pela qual a empresa oferece aos seus empregados a autoridade para identificar e corrigir problemas revela o nível de comprometimento com as pessoas.

Além de atuação do líder, em cenários de mudança ou de implantação de novas estruturas ou tecnologias, o que temos sugerido é um processo de perguntas e respostas tipo: você pergunta, a empresa responde.

Para isso, podem ser utilizados dois canais: a intranet e o jornal mural. As pessoas colocam suas dúvidas na intranet e a empresa responde através de um cartaz/jornal no jornal mural. Afinal, a dúvida de um pode ser a dúvida de muitos.

Atualmente, temos criado jornais de parede que contemplam um espaço interativo para ser usado sempre que a empresa desejar saber a opinião dos empregados sobre um determinado assunto. Abaixo, alguns exemplos de utilização.

- Propor três opções de shows para a festa de final de ano e solicitar que as pessoas escolham aquele que preferem.
- Assumir que o processo de SAP que está sendo adotado na empresa está provocando mudanças e consequentes dúvidas, sugerindo que as pessoas façam as suas perguntas.
- Solicitar a opinião das pessoas sobre um determinado benefício.
- Questionar as pessoas sobre o grau de conhecimento em relação ao produto ou serviço que a empresa oferece ao mercado.

O espaço interativo contém: um display para colocação dos formulários, uma urna para que os formulários sejam depositados depois de preenchidos e um acrílico em tamanho A3 para a publicação do cartaz/resposta.

O principal canal para que a empresa conheça a opinião dos seus empregados é a Pesquisa de Clima, hoje chamada de Pesquisa de Engajamento por muitas empresas.

As empresas realizam anualmente ou a cada dois anos pesquisas que levantam o nível de satisfação das pessoas em relação a muitos aspectos que compõem a ambiência organizacional.

Entretanto, a empresa também precisa estar preparada para esse tipo de abordagem, pois nem sempre a percepção das pessoas coincide com a realidade existente.

Ao receber os resultados de uma Pesquisa de Clima, muitos diretores de empresas entendem que precisam, num curto espaço de tempo, propiciar mudanças relacionadas com tudo aquilo que foi apontado como negativo pelos empregados.

Ocorre que cada pessoa possui uma percepção e uma opinião a respeito de cada assunto. Tudo isso é muito subjetivo, o que torna extremamente difícil a avaliação das respostas no sentido de estabelecer indicadores em relação ao que deve ou não ser mudado na empresa.

O que precisa ser entendido é que a Pesquisa de Clima mostra a percepção e não a realidade. Portanto, o que precisa ser mudada é a percepção das pessoas e não necessariamente os aspectos pesquisados.

Capítulo 15

Analisa de Medeiros Brum

Planejamento estratégico de endomarketing

Ao longo das décadas de 1980 e 1990, as empresas despertaram para a importância da comunicação com o público interno e passaram a realizar campanhas internas. Esse período pode ser identificado como a descoberta do endomarketing.

Mas foi também um período caracterizado pela ação desorganizada: muitas campanhas sem um posicionamento único, sem um conceito consistente e, muitas vezes, sem um alinhamento com os objetivos estratégicos da empresa.

As empresas desenvolviam esforços em diversas direções, sem sistemática e integração e sem que houvesse uma preocupação com o posicionamento interno.

O fim da década de 1990 e os primeiros anos do novo século geraram uma demanda muito grande pela organização da comunicação interna nas empresas que já a praticavam.

A partir daí, a expectativa das empresas passou a ser por planejar e implantar um processo estruturado que lhes permitisse documentar, oficializar e veicular a informação em todos os níveis.

Documentar significa colocar a informação dentro de um canal ou instrumento de comunicação interna.

Formalizar significa assinar com marca e slogan internos.

Veicular significa tornar disponível visualmente para que todos os colaboradores tenham acesso à informação. É exatamente para isso que devem existir canais oficiais de comunicação com o público interno.

Os tópicos a seguir são aqueles que devem nortear a organização da comunicação interna em qualquer tipo de empresa.

Posicionamento interno

Assim como uma empresa deve posicionar-se para fora, no que diz respeito ao mercado, também deve posicionar-se para dentro, em relação ao seu público interno.

Afinal, posicionamento é o ato de desenvolver a imagem e a oferta da empresa de forma a fazê-la ocupar um lugar distinto e valorizado na mente do consumidor, neste caso, o empregado.

Segundo Al Ries e Jack Trout, dois publicitários nova-iorquinos que popularizaram esse termo, *posicionamento não é o que se faz para uma empresa, mas o que se faz para a mente do consumidor.*

❝ No marketing interno, a regra é a mesma, ou seja, o que importa é o que se faz para a mente do empregado. ❞

Assim como no marketing externo, ao posicionarmos a empresa na mente do colaborador, temos que fortalecer uma posição privilegiada como, por exemplo, a número um, a maior, a mais capacitada etc.

A única diferença para o marketing externo está no fato de que essa posição não necessita ser exclusiva, ou seja, não importa que seja adotada internamente por outra empresa.

O importante é que a empresa seja a número um para o seu colaborador e que ele acredite e lute para mantê-la nesse patamar.

Mesmo assim, o posicionamento psicológico provocado pelo endomarketing precisa ser sustentado por um posicionamento real, a fim de que não se estabeleça apenas um jogo mental e, sim, uma relação de credibilidade entre a empresa e o funcionário.

Exemplo: se a empresa ocupa a décima posição no mercado, não é adequado adotar um posicionamento interno de número um. Neste caso, o ideal é partir para posicionamentos mais subjetivos e mais fáceis de serem avalizados internamente. Exemplos: uma empresa que respeita seus colaboradores ou uma empresa que busca a melhoria contínua.

Para isso, basta que a empresa identifique as possíveis diferenças que existem entre o seu jeito de ser e o da concorrência, aplicando critérios para selecionar as suas características mais importantes.

Da mesma forma, o posicionamento interno pode ser estabelecido a partir da visão estratégica da empresa ou dos objetivos que ela pretende atingir.

Exemplos: uma empresa de classe mundial, no caso de uma empresa que está incorporando outras empresas em diversas partes do mundo; ou a informação é o nosso esporte, no caso de uma empresa que comercializa artigos esportivos e, através da comunicação interna, pretende priorizar a informação.

A partir daí, basta sinalizar para o público interno qual a sua grande diferença e posicionar-se através dela. Essa diferença pode ser buscada tanto na gestão quanto no ambiente ou tanto em nível de benefícios quanto de incentivos.

> **❝** Depois de estabelecido o posicionamento, é necessário trabalhar conteúdos conceituais que tenham coerência com ele. **❞**

Nenhum trabalho de marketing interno bem feito e perene pode ser planejado sem que haja a determinação inicial de um bom e consistente conceito, ou seja, uma ideia principal que seja pensada e elaborada.

Muitas vezes, os profissionais encarregados desse trabalho, pela inexperiência ou pressão do tempo, começam pelo fim, ou seja, pela definição dos instrumentos, sem a determinação consciente daquilo que a empresa deseja repassar em nível de conceito.

Para muitos, uma frase interessante e de efeito pode parecer um bom caminho. Mas será que essa frase vai resistir até que seja possível perceber resultados? Ela é abrangente? Representa a visão da empresa? É coerente com o sentimento e a expectativa do empregado?

Uma frase de efeito é apenas uma frase de efeito. Ideal para anúncios de jornal ou para cartazes individuais, mas nem sempre eficaz para representar um processo de comunicação interna cujos resultados somente poderão ser obtidos em longo prazo.

Um bom processo, na sua totalidade, precisa estar sustentado em conceitos fortes, arrojados, duráveis e, principalmente, complementares. Um esforço tem que ter a ver com o outro, até porque o sucesso do endomarketing está exatamente na sistemática e na integração.

Dizem que o escritor Ernest Hemingway, quando queria escrever e não estava inspirado, preenchia laudas e mais laudas até chegar a um ponto central. Quando percebia que tinha batido na ideia principal, jogava tudo fora e começava o trabalho de novo, a partir daquele ponto.

No planejamento estratégico de endomarketing pode-se utilizar a mesma forma de trabalho: pesquisar, buscar o ponto principal, ou seja, a grande ideia. Depois de descobrir o conceito principal é que será possível construir a comunicação através das mais diversas associações e mecanismos.

A partir daí, deve-se levar o conceito para lapidação e refinamento, porque ele nunca vem pronto. É preciso prepará-lo, montá-lo e fazê-lo aparecer ao longo da história.

Se ele for bom mesmo, vai sobreviver e deixar a sua marca no caminho da comunicação empresarial como um todo.

> **❝ Encontrar um bom conceito é o que vai fazer a diferença entre um programa criativo e inovador e um programa sem vida. ❞**

O resto é técnica da comunicação e o marketing externo está aí para nos dar boas aulas sobre como criar mensagens e mídias.

Ainda sobre posicionamento, cito como exemplo uma concorrência da qual participamos, numa grande empresa de varejo, cujo *briefing* era o seguinte: precisamos de um posicionamento interno que:
- represente a empresa;
- provoque um sentimento único;
- unifique pela atitude;
- estimule a reflexão;
- permita diversas interações;
- seja de fácil e rápida assimilação; e
- esteja representado por uma linguagem gráfica coerente com o negócio.

Tudo isso, sem esquecer que o grande desafio da empresa, no momento, era a integração de outras empresas que ela estava comprando. Acompanhando cada nova aquisição, vinha a necessidade de conquistar as pessoas e apresentar sua cultura, seus princípios etc.

Precisávamos determinar um posicionamento que cumprisse com todos os objetivos acima e que, ao mesmo tempo, desse as boas-vindas aos colaboradores das empresas que estavam sendo compradas.

Criamos o seguinte posicionamento:

Sorria.

Você está na (nome da empresa).

A imagem conceitual da marca que criamos para representar esse posicionamento mostrava a alegria da empresa em receber as pessoas e, ao mesmo tempo, a alegria das pessoas em passar a pertencer à empresa.

Queríamos que o público interno pudesse perceber, a partir do posicionamento, a oportunidade que estavam tendo de passar a trabalhar numa empresa que:
- possui uma cultura forte;
- oferece bons benefícios;
- incentiva as pessoas a crescerem e a se desenvolverem;
- valoriza a diversidade;
- possui responsabilidade social; e
- prioriza o atendimento ao público.

O conceito presente no posicionamento proposto: "Sorria. Você está na (nome da empresa)" nos permitiria trabalhar:
- a manutenção e o fortalecimento da cultura e dos processos de gestão da empresa;
- a melhoria e a padronização do atendimento ao público;
- a divulgação dos programas de responsabilidade social e de sustentabilidade;
- o processo de comunicação interna, integrando os canais, instrumentos e ações; e principalmente
- a integração de novas empresas e seus respectivos colaboradores.

Para exemplificar algumas das interações possíveis, dividimos o conteúdo (simulado) da comunicação interna da empresa em sete pilares:

1. Cultura – Sorria. Você faz parte de uma empresa que respeita a diversidade.
2. Atendimento – Sorria. O seu atendimento é o que conquista e mantém o cliente.
3. Responsabilidade Ambiental – Sorria. Você está numa empresa que preserva o meio ambiente.
4. Gestão de Pessoas – Sorria. Você trabalha numa empresa que lhe oferece muitos benefícios.
5. Gestão de Processos – Sorria. Você trabalha numa empresa organizada.
6. Integração de novos colaboradores – Sorria. Uma grande história está começando entre a gente.
7. Comunicação Interna – Sorria. Esta é uma empresa que prioriza a informação.

Essa simulação mostra as muitas interações possíveis do posicionamento interno escolhido.

A linha criativa proposta para representar o posicionamento colocava o colaborador em atitude *fun*, expressando estar de bem com a vida, com a empresa e com o cliente.

Dentro desse contexto, a empresa aparecia como uma organização sempre pronta para proporcionar alegria, oportunidades positivas, ambiente saudável, benefícios e incentivos adequados, reconhecimento e bem-estar.

A partir desse posicionamento interno, também foi possível trabalhar o sistema de informação da empresa. Neste caso, os canais, instrumentos e ações receberam o mesmo conceito e a mesma linha criativa.

A seguir, alguns exemplos da aplicação aos canais/veículos:

Revista Interna
Nome: Revista (nome da empresa)
Slogan: Sorria. Esta revista é sua.

Boletim Interno Semanal
Nome: Entre Sorrisos
Slogan: O seu boletim interno semanal.

Jornal Mural
Nome: Painel do Sorriso
Slogan: Informação ao seu dispor.

Intranet
Nome: Rede Rir
Slogan: O seu sorriso virtual

Para datas comemorativas:
- Neste final de ano, sorria ainda mais (Natal e Ano Novo);
- Sorria. Você tem o privilégio de ser pai (Dia dos Pais) e
- Para quem coloca um sorriso em tudo o que faz (Dia da Mulher).

Para a comunicação com as lideranças, no sentido de prepará-las para o exercício da comunicação face a face, o posicionamento deveria sofrer uma adaptação para: *Sorria. Você faz a (nome da empresa)*.

Assim, todos os materiais direcionados às lideranças teriam essa assinatura, atribuindo ainda mais responsabilidades a esse segmento de público interno.

Com o posicionamento interno proposto, a nossa intenção era proporcionar à empresa a oportunidade de unificar o seu jeito de ser e de atender, tão importante para organizações que atuam no varejo. Além disso, em médio ou longo prazo, esse posicionamento interno poderia tornar-se uma filosofia interior.

Não é fácil construir uma filosofia interior. Somente as empresas que já fazem endomarketing há algum tempo possuem uma.

> **Ter uma filosofia interior significa trabalhar a comunicação interna alicerçada num único conceito que, de tão forte, amplo e consistente, é capaz de representar o jeito de ser e de atender de uma empresa.**

Tenho convivido com diferentes filosofias, mas todas possuem o mesmo objetivo de atuarem como um credo e, consequentemente, como um caminho definido para a comunicação.

Cito-as aqui, porém sem mencionar o nome das empresas nas quais existem, apenas para mostrar que são diferentes na sua concepção, mas iguais nos objetivos e resultados.

São as filosofias do "encantamento", do "cultivar relacionamentos" e do "a gente nunca para". Conceitos originados no posicionamento das respectivas empresas para o mercado, que passam a fazer parte do dia a dia dos empregados, em todos os níveis, por serem reforçados através de canais, atitudes e ações de endomarketing.

Costumo dizer que é muito fácil trabalhar pra uma empresa quando ela já possui uma filosofia interior, pois funciona como uma linha mestra tanto para o planejamento conceitual ou de conteúdo quanto para o planejamento criativo. A integração visual e de linguagem, tão importante para os materiais que compõem um padrão de comunicação interna, torna-se quase que automática.

Assim como existem empresas que trabalham sempre a mesma filosofia interior, outras escolhem, a cada ano, um novo conceito a ser abordado através do Programa de endomarketing.

Conheço um grupo empresarial que vem renovando o seu esforço de Comunicação e Marketing Interno através de novos conceitos, num movimento que tem se mostrado muito saudável em todos os sentidos.

O processo é bastante cuidadoso:
- no mês de dezembro, a empresa aplica uma pesquisa de clima da qual participam todos os seus empregados;
- no mês de janeiro, com base nos resultados da pesquisa, é elaborado o planejamento do programa de endomarketing para o ano seguinte, no qual é definido o conceito que será trabalhado;
- no mês de fevereiro, são criados e produzidos todos os materiais para a execução do planejamento;
- no mês de março, o programa de endomarketing é lançado em todas as unidades da empresa, através de uma palestra motivacional e da apresentação dos canais, instrumentos e ações aos empregados, até o mês de março do ano seguinte.

O programa é o mesmo desde o seu início, há cerca de cinco anos. O que muda, a cada ano, é o conceito: num ano, é proposta uma revolução interior; no outro, é trabalhado o conceito de superação; e no outro, missão, visão e valores.

Apesar de permanecer com a mesma estrutura, a cada ano são encerradas e criadas novas ações. Os canais de informação, que já estão consolidados, se repetem com a renovação dos instrumentos.

Exemplo: o Jornal de Parede é o mesmo, mas renovam-se as colunas e os cartazes motivacionais.

Para essa empresa, o programa funciona como uma plataforma que é renovada e reforçada todos os anos, com resultados bastante consistentes.

> **"Em endomarketing não existem o certo e o errado. O que existe é o que melhor se ajusta a cada empresa."**

Embora não considere positivo trabalhar um conceito por ano, em vez de adotar um posicionamento interno, acredito que para a empresa cujo exemplo foi colocado, tem sido o mais adequado.

Slogan interno

O slogan é a frase que representa o posicionamento interno e que pode estar associada à assinatura do processo ou identificando os canais oficiais de comunicação interna.

Às vezes, se acompanhada do slogan, a assinatura fica muito pesada. Nesse caso, é melhor fazer com que o slogan assine diretamente os canais, ou seja, seja colocado abaixo do cabeçalho com o nome de cada canal, identificando o processo.

Em outros casos, o slogan torna-se desnecessário, pois o posicionamento pode estar representado apenas por um ícone. Exemplos: a figura de um globo pode representar a visão classe mundial; ou a figura de um coração pode representar a afetividade presente no relacionamento da empresa com o seu público interno.

Algumas empresas optam por assinar o seu processo apenas com as expressões: Comunicação Interna ou Endomarketing associadas à marca e sem a presença de um slogan, deixando que o posicionamento esteja presente na linha criativa dos: canais; instrumentos; ações; e campanhas internas.

Além de representar o posicionamento interno, o slogan deve ser uma frase curta e de fácil assimilação, que resuma o objetivo da empresa ao adotar o processo.

Algumas empresas conseguem não apenas representar o processo de comunicação interna, mas também fazer uma versão do marketing externo para dentro. Tudo num mesmo slogan.

Dois exemplos disso são:
- uma empresa do setor de alimentos, que trabalha externamente o conceito de "sabor", utilizar internamente o slogan "Informação com sabor de integração";
- uma empresa do setor de embalagens, que se tornou conhecida por embalar o leite longa vida, utilizar internamente o slogan "(nome da empresa) e você – Uma relação de longa vida".

Obviamente, o slogan interno precisa ter coerência com a gestão da empresa. O último exemplo (Uma relação de longa vida) somente poderia ser utilizado por uma empresa com baixíssimo índice de rotatividade de pessoal.

Marca interna

Ao longo da minha história como profissional de endomarketing, encontrei muitos personagens e *guimics*: alguns fortes, outros completamente inadequados, e outros cansados de existir.

Mas há algum tempo, as empresas deixaram de acreditar que todo esforço de comunicação interna necessita de um personagem.

Recentemente, num diagnóstico, quando perguntei sobre a percepção das pessoas em relação ao personagem que vi nos materiais de comunicação interna, ouvi a seguinte frase: *ele existe, mas é bipolar. Às vezes aparece e, às vezes, se esconde.*

A minha pior experiência com personagens foi numa empresa de alimentos, fornecedora de carne de aves e suínos. Os personagens utilizados na comunicação com os colaboradores eram: uma galinha e um porco, exatamente os animais que, no seu dia a dia de trabalho, eles são obrigados a matar.

Geralmente, os personagens representam pessoas e são chamados por um nome criado a partir do nome da empresa, mais a expressão "ino" ou "inho". Digamos que a empresa se chame "chapa", o nome do personagem seria "chapino" ou "chapinho".

Já encontrei alguns "inos" ou "inhos" gordos e cansados, representando pessoas apáticas e sem energia. Da mesma forma, já encontrei personagens que simulam aquilo que a empresa produz ou vende, mas são tão mal resolvidos graficamente que é impossível perceber o que representam.

Tenho recomendado às empresas que deixem o uso de personagens ou *guimics* para campanhas internas, evitando-os na assinatura de um processo mais consistente.

> **Em campanhas educativas, os personagens são bem aceitos.**

Certa vez, dentro de um esforço maior de comunicação de uma área de Tecnologia da Informação, denominado "Click Consciente", criamos o personagem do "Carteiro Inconveniente".

As chamadas das peças da primeira etapa da campanha eram:

Você recebeu uma nova mensagem
- Pelo número de destinatários, deve ser mensagem de um carteiro político.
- Pela demora, deve ser mensagem de um carteiro megabyte.
- Pelo conteúdo, deve ser piada de um carteiro comediante.
- Pelo texto, deve ser mensagem de um carteiro supersticioso.

A segunda etapa da campanha dizia:

Cuidado
- Para não ser um carteiro político.
- Para não ser um carteiro megabyte.
- Para não ser um carteiro comediante.
- Para não ser um carteiro supersticioso.

Esse exemplo mostra que personagens podem ser bem explorados quando utilizados em campanhas internas, especialmente as de cunho educativo.

Voltando à marca interna, ela pode:
- ser apenas um *lettering* com a associação do nome da empresa à expressão comunicação interna;
- ser uma associação da marca da empresa à expressão comunicação interna;
- ser um símbolo que represente a visão da empresa;
- ser um símbolo que represente os canais de comunicação interna;
- ser um símbolo que represente o objetivo do processo de comunicação interna;
- ser um símbolo que represente o objetivo global da empresa no momento;
- ser um símbolo que represente o cenário da empresa no momento (de integração com outra empresa, de internacionalização etc.).

A linguagem gráfica utilizada na marca interna deve levar em consideração, também, o segmento de atuação da empresa. Quando a empresa é do segmento de varejo, por exemplo, podemos utilizar uma linguagem visual mais descontraída.

No exemplo que utilizei para explicar posicionamento interno: *Sorria. Você está na (nome da empresa)*, por ser para uma empresa de varejo, utilizamos o formato de uma etiqueta ou adesivo promocional, muito utilizada nesse segmento.

Planejamento de conteúdo

Em endomarketing, vive-se em curto prazo. Isso acontece porque a informação é decorrente de decisões e de fatos cotidianos, o que permite o planejamento conceitual, estrutural e criativo, mas impede o planejamento de conteúdo.

O que podemos prever são grupos de conteúdo, criados a partir dos objetivos estratégicos de cada empresa e, também, do seu jeito de ser.

Existem empresas para as quais a celebração é muito importante. Para outras, o importante é preparar o pessoal de linha de frente com técnicas e estratégias de vendas. Existem, ainda, aquelas para as quais tudo, em nível de conteúdo, é importante.

Abaixo, alguns grupos de conteúdo que costumamos utilizar nos planejamentos que realizamos:

- Gestão (objetivos, estratégias e resultados).
- Recursos Humanos (benefícios, incentivos, política salarial, treinamento, integração e desligamento de colaboradores etc.).
- Mercado e Produto (o que produzimos e/ou vendemos, para quem produzimos/vendemos, em que mercado atuamos, quem são os nossos concorrentes etc.).
- Produção (metas a serem cumpridas, processos e resultados).
- Responsabilidade social (ações comunitárias, programas de voluntariado etc.).
- Responsabilidade ambiental (programas de tratamento de resíduos, campanhas de preservação etc.).
- Celebrações (aniversário da empresa e dos colaboradores, datas comemorativas, prêmios obtidos pela empresa, resultados alcançados etc.).
- Participação nos resultados (regulamento, acompanhamento mensal e divulgação do resultado semestral e/ou anual).
- Programas de reconhecimento (por tempo de casa, pelo cumprimento de metas, pela conquista de clientes etc.).
- Diretrizes e normas internas (código de ética, padrões e procedimentos).
- Dia a dia da empresa.

Dentro de cada grupo de conteúdo, temos que colocar todos os assuntos (relacionados com aquele grupo) com os quais a empresa se depara diariamente e que, no seu entender, devem ser do conhecimento do público interno.

Esse processo acontece através de matrizes de conteúdo corporativas e locais. Nessas matrizes, é possível definir o conteúdo, para que segmento de público interno será comunicado, através de qual canal e com que periodicidade.

A partir dos grupos de conteúdo é que devem ser determinados os espaços dentro dos canais de comunicação interna. Um jornal interno ou um jornal de parede, por exemplo, precisam de espaços específicos para informações de Recursos Humanos.

Planejamento estrutural e de processos

Planejar a estrutura de um processo de comunicação interna significa determinar os canais, instrumentos e ações que serão utilizados.

O primeiro passo para isso é determinar as suas dimensões. O ideal é que sejam planejadas, no mínimo, três dimensões:

- **Comunicação Interna Corporativa**
(da empresa para o público interno de todas as suas unidades)
- **Comunicação Interna Local**
(da unidade para o seu público interno)
- **Comunicação Face a Face**
(da liderança para a sua equipe)

A proposta da comunicação corporativa é dar acesso às informações geradas pela empresa, como corporação, a todos os colaboradores. O objetivo é fazer que entendam que, antes de pertencer a uma determinada empresa ou unidade, pertencem a um grupo empresarial.

Em algumas empresas, a dimensão corporativa é classificada como dimensão mundo, contemplando as informações oriundas da sede da empresa em outro país ou da sede da empresa no Brasil para unidades localizadas em outros países.

A proposta da comunicação local é garantir a cobertura de fatos e decisões diárias da empresa ou unidade, respeitando assim as individualidades de cada uma.

> **A proposta da comunicação face a face é estabelecer um padrão mínimo de reuniões de informação a serem realizadas pelas lideranças.**

Dentro dessas três dimensões, estarão os processos informativos, de integração e interativos, e seus respectivos canais.

Os canais informativos devem ter, na sua maioria, conotação e formato jornalístico. Além disso, devem ser complementares, ou seja, a informação deve estar disponível através de vários canais ao mesmo tempo, a fim de que o colaborador possa recebê-la e/ou acessá-la de diversas formas. Isso permite que uma mesma informação seja abordada através de diferentes níveis de intensidade e de linguagem.

> **Os canais de integração são aqueles que permitem a convivência e a troca de experiência entre pessoas, áreas e unidades.**

Já os canais interativos são aqueles que permitem a comunicação de mão dupla, já comentados no capítulo Ouvindo Pessoas.

Canais informativos

Entre esses processos, parece-me importante abordar com maior profundidade os canais informativos. Entre os mais utilizados pelas empresas estão:

E-mail

As empresas estão se deparando, neste momento, com o desafio da hiperescolha e da saturação no que se refere ao processo da informação.

Hoje, já não é suficiente para uma empresa cumprir com o seu papel de informar, ou seja, de entregar aos seus colaboradores um nível satisfatório de informações que possa facilitar e até mesmo incentivar o trabalho que desenvolvem.

O grande número de e-mails com os quais as pessoas se deparam diariamente faz que se sintam na obrigação e/ou no privilégio de escolher aqueles que vão abrir, ler e absorver.

O e-mail é um canal de comunicação comum, como o telefone. As mensagens virtuais podem ser originadas externa ou internamente, assim como as ligações que recebemos podem ser externas ou internas.

Dentro desse contexto, tudo aquilo que a empresa prepara em nível de informação e envia através do e-mail para o seu público interno pode se perder no meio de tantas opções a serem abertas e lidas.

Ao mesmo tempo, existe um fator psicológico que faz que as pessoas tenham o sentimento de "missão cumprida" ou de "demandas realizadas", sempre que limpam a sua caixa de e-mails. E na ânsia do limpar, desfazem-se de mensagens que, mesmo oriundas da empresa na qual trabalham, julgam não serem importantes.

As pessoas que trabalham nas áreas administrativa e operacional, na maior parte das vezes, podem ser acessadas por outros canais bem diferentes do e-mail, como um jornal de parede, um informativo em papel ou até mesmo um outdoor. São pessoas que atuam dentro de uma determinada área, e isso permite que sejam atingidas por outros canais visuais que não dependem de acesso.

Jornal eletrônico

Quanto à abordagem eletrônica, o ideal é que a empresa não trabalhe com e-mails de comunicação interna e, sim, com um jornal eletrônico.

O jornal eletrônico deve ter um nome definido com edições mundo, corporativa e local, além da edição extra caso haja necessidade de destaque para uma determinada notícia. O importante é que a empresa agrupe todas as informações a serem repassadas através do meio eletrônico numa única edição diária, que saia sempre no mesmo horário.

Conheço uma empresa que possui um jornal eletrônico muito interessante, que chega ao computador dos seus funcionários (lideranças e pessoal administrativo), todos os dias às dez horas da manhã, com informações corporativas (da sede da empresa) e local (da unidade).

O processo é o seguinte: a equipe de Comunicação Interna Corporativa produz o jornal eletrônico até o final do dia com tudo aquilo que deverá ser divulgado no dia seguinte. Na primeira hora do dia seguinte, esse conteúdo é enviado para as equipes de Comunicação Interna locais (das unidades) que acrescentam o conteúdo local e envia para todas as pessoas.

O resultado tem sido muito satisfatório, pois as pessoas recebem numa única edição, num mesmo horário, todas as informações corporativas e locais a que devem ter acesso.

No entanto, a maior dificuldade das empresas não está na "comunicação interna para dentro" e, sim, na "comunicação interna para fora".

Mas existem esses dois caminhos dentro da comunicação interna? Sim. A comunicação interna para fora é aquela que precisa atingir colaboradores que possuem uma atuação externa e que compõem o segmento de público interno que mais representa a marca e a imagem da empresa. Refiro-me a vendedores, representantes, prestadores de serviços de instalação, manutenção etc.

Imagine uma equipe comercial que raramente visita a sede da empresa, mas que a representa em todos os contatos que faz com clientes. Existem dois caminhos para que uma empresa se comunique com esse tipo de público interno:

- o e-mail, pois existe a crença de que pessoas da área comercial abrem o seu e-mail **pelo menos uma vez por dia, geralmente no final do dia;** e
- o informativo em papel, enviado pelo correio para o endereço pessoal de cada vendedor ou representante.

Mas apesar de existirem esses dois caminhos, as empresas acabam optando pelo mais rápido e de menor custo, que é o e-mail.

Um informativo em papel precisa ser redigido, diagramado, revisado, finalizado, impresso e postado. A informação, especialmente aquela relacionada com o processo comercial de uma empresa, num mercado em movimento, não pode esperar por todas as etapas desse processo.

Em contrapartida, apesar da rapidez e do baixo custo, a informação enviada por e-mail entra no espaço da hiperescolha e da saturação.

Isso significa que a informação chega ao seu destinatário, mas não quer dizer que seja lida. Muitas vezes, um título similar ao anterior é suficiente para que a pessoa entenda que já recebeu aquele e-mail ou que já domina aquele assunto.

Existe a constatação de que, quando uma empresa cria um novo canal de comunicação interna por e-mail e dá a ele um nome como, por exemplo, *Informação para você* ou *Informação comercial* ou até mesmo algo como *Saiba mais*, já o torna predestinado a despertar o interesse das pessoas por pouco tempo.

A repetição do mesmo título na caixa de e-mail faz que as pessoas abram-na rapidamente apenas nas primeiras vezes. Com o passar do tempo, torna-se apenas mais uma mensagem no meio de tantas com um título que elas já conhecem.

O problema não está apenas no canal ou no meio, mas principalmente no fato de algumas pessoas ainda não entenderem a informação como um benefício.

Dentro desse cenário, é importante que o e-mail não tenha um título que se repita em todas as edições e, sim, manchetes. Imagine um profissional de vendas recebendo um e-mail cujo título é: *Desconto a ser oferecido ao seu cliente para aumentar suas vendas* ou *Nova condição de pagamento que aumentará suas vendas*. Certamente a mensagem será aberta, lida e absorvida, pois o interesse da pessoa será concreto, assim como o benefício.

Isso significa que as empresas não devem mais ter jornais eletrônicos que chegam na caixa de e-mail das pessoas sempre com o mesmo nome? Não. As empresas continuarão tendo seus jornais eletrônicos, e eles continuarão tendo um nome. Hoje, existem muitas empresas que possuem jornais eletrônicos muito eficazes.

Mas é preciso focar no resultado. Se uma pessoa da área operacional ou administrativa de uma empresa deixar de abrir o jornal eletrônico num determinado dia, certamente a empresa não perderá muito com isso.

Entretanto, se um profissional da área comercial (que lida diretamente com o cliente e contribui decisivamente para o faturamento da empresa) não abrir aquele e-mail específico com informações importantes para o fechamento de um negócio, todos perderão com isso.

Esta é a diferença que precisa ser levada em consideração e que nos mostra que a comunicação com vendedores e representantes, de uma forma geral, precisa ser diferenciada e, ao mesmo tempo, motivacional.

Motivação quer dizer "movimento para a ação". O título de um e-mail de "comunicação interna para fora" precisa motivar o profissional a abrir e ler o que lhe foi enviado.

Isso inclui um trabalho educativo por parte da empresa, com campanhas que atinjam essas pessoas e que mostrem a elas que a informação deve ser vista como um benefício.

As campanhas educativas são importantes exatamente porque, para a comunicação rápida e eficaz com profissionais que atuam literalmente fora da empresa, não existe outro caminho que não seja o eletrônico.

Como novidade nessa área e para fugir desse cenário de concorrência que tomou conta das caixas de e-mail, algumas empresas estão se utilizando de softwares específicos para a comunicação interna. São programas instalados no computador de vendedores e representantes que produzem um sistema de alerta, fazendo que a mensagem entre automaticamente, sem precisar ser acessada.

Esse tipo de programa funciona da seguinte forma: o profissional está trabalhando no seu computador, e a mensagem entra através de um alerta de imagem, de texto ou de vídeo. Um exemplo dos benefícios desse tipo de ferramenta é o fato de um presidente de empresa poder falar com todos os seus vendedores e representantes através de um alerta de vídeo, sempre que desejar.

O programa possui, também, um alerta de enquete que permite o levantamento da opinião desse segmento de público interno sobre qualquer assunto em poucos minutos ou no prazo de um dia, levando em consideração que vendedores e representantes acessam seus computadores no final de cada dia.

Caso a pessoa tenha passado todo o dia sem acessar o seu computador, quando o fizer, os alertas entrarão, e a comunicação acontecerá de forma automática e imediata, sem a necessidade da interação do receptor.

Mesmo não necessitando abrir a informação para se deparar com ela, é importante que esse público entenda o benefício da informação, caso contrário, não terá disponibilidade para ler as mensagens, mesmo que em formato de alerta.

Existem outros caminhos? Sim, mas igualmente eletrônicos e talvez um pouco mais complexos como, por exemplo, a possibilidade de a empresa criar uma rede social interna somente para os seus vendedores e representantes.

Numa rede social interna, esse público poderia não apenas receber informações, mas postar suas opiniões, experiências etc. No entanto, é preciso lembrar que uma rede social precisa ser acessada, ou seja, a empresa estará novamente diante da vontade do profissional em abri-la ou não.

Revista interna

Em muitas empresas, o famoso "jornalzinho" já se transformou numa revista interna de qualidade, cujo planejamento editorial e gráfico é feito para realmente encantar o público interno.

Qualidade, criatividade e identidade. Esses três fatores são decisivos para o sucesso de uma revista interna.

Além de informar, ela deve envolver os colaboradores, fazendo-os não apenas se interessar pelo seu conteúdo, mas esperar pelas próximas edições. Quanto ao seu conteúdo, devem ser abordados temas variados, ressaltando atitudes de colaboradores que fazem diferença, eventos, programas de treinamento, programas corporativos, dicas de desenvolvimento pessoal e profissional, entre outros.

Mas uma revista interna também pode e deve trazer informações estratégicas que, além de valorizar o colaborador, trabalhem sistematicamente os processos de gestão e a cultura da empresa.

> **O equilíbrio entre cultura, entretenimento e informação é fundamental.**

Os textos devem ser leves, objetivos e de compreensão universal, pois a revista pode ser lida tanto pelo acionista quanto pelo colaborador mais simples. O importante é não esquecer que uma revista interna é exatamente isso: uma revista. Portanto, deve seguir o mesmo padrão das revistas comerciais.

Outro fator importante é a participação do colaborador, o que cria uma ideia de identidade, de que ele realmente é parte integrante da empresa e, principalmente, é visto por ela.

O colaborador pode estar presente na redação das matérias, como fonte de informação, através de entrevistas que o apresentem para toda a empresa e, também, como membro do Conselho Editorial.

A periodicidade da publicação e a atualidade também precisam ser respeitadas. Afinal, notícia velha não é notícia. Com relação ao projeto gráfico, é necessário que esteja dentro da programação visual estabelecida para o padrão de comunicação interna da empresa. A utilização de fotos, imagens, ilustrações e gráficos garantem um ar mais leve à revista.

Além de todos esses aspectos, a revista interna precisa ser vista como uma ótima mídia para a veiculação de anúncios de campanhas internas, de encartes e de outras interações que podem ser criadas.

Quanto à entrega, o ideal é que seja feita na mão de cada empregado e não deixado à disposição, próximo à portaria, para que seja retirado.

O melhor ainda é quando a empresa possui condições de entregar a revista na casa do empregado, através do correio. Isso o distingue como indivíduo, ao mesmo tempo em que permite que a sua família também seja atingida pelo veículo.

Encartes no jornal/revista interna

Encartado à revista interna, pode ser veiculado um informativo de Recursos Humanos com informações sobre programas, projetos e processos da área.

Recursos Humanos é um grupo de conteúdo que necessita de espaços específicos e diferenciados, a fim de que o público interno identifique claramente a comunicação feita pela área, pois são as questões que mais lhe interessam.

Mas outros encartes podem fazer parte do jornal ou revista interna. Conheço empresas que, de três em três meses, publicam um encarte sobre missão, visão e valores, reafirmando aspectos da cultura da empresa.

Conheço também empresas que se utilizam de encartes para divulgar novos projetos de gestão ou novos procedimentos e diretrizes.

Jornal de parede

O velho mural de feltro verde ou de fórmica branca também se transformou, com o passar do tempo, num jornal de parede com editorias definidas.

Hoje, os bons jornais de parede possuem espaços definidos para a Comunicação Interna Corporativa, para a Comunicação Interna Local e para Programas Interativos.

Com escaninhos específicos para cartazes motivacionais em tamanho A3 ou sem escaninhos para permitir a publicação de cartazes produzidos em formatos diferenciados, os jornais de parede são uma importante mídia para campanhas motivacionais.

A informação local, por sua vez, deve ser produzida em folhas A4 que funcionam como papéis timbrados, prontos para receber a informação de forma rápida e eficiente.

O espaço interativo (já comentado no capítulo Ouvindo Pessoas) deve contar com display para formulários, urna e espaço para a veiculação do cartaz/resposta.

E como as empresas, hoje, já não possuem tantas paredes, os painéis, normalmente de metal ou madeira, podem receber pés para que sejam colocados em locais estratégicos. Conheço empresas que tiraram os jornais de parede da área interna da fábrica e colocaram apenas em locais de acesso como corredores externos, entrada e saída da empresa e restaurantes.

A opinião dos empregados dessas empresas é de que os painéis deveriam voltar a existir nas áreas de trabalho, pois os horários de almoço são apertados, o que faz com que nem sempre possam parar na frente deles.

As lideranças, na maior parte das vezes, acreditam que os jornais de parede dentro da fábrica fazem que os empregados desperdicem tempo de produção com a leitura das informações publicadas.

Quem está com a razão? Depende da visão da empresa. Organizações que realmente valorizam e priorizam a informação deveriam encarar como positivo o tempo que os seus empregados gastam com a leitura dos instrumentos veiculados nos jornais de parede.

Painel de gestão à vista

Hoje, as empresas estão totalmente focadas em resultado. O acompanhamento das metas a serem atingidas e dos resultados obtidos é fundamental dentro do processo de comunicação interna.

Pela sua importância, não é um grupo de conteúdo que deve ser misturado com outros grupos no jornal de parede.

Por esse motivo, muitas empresas estão utilizando um painel específico também nas paredes (ou com pés), com dois escaninhos de acrílico em tamanho A3: um para as metas e desafios e, outro, para os resultados.

Trata-se da "gestão à vista", quando os números de uma determinada área recebem um tratamento visual e são divulgados em painéis, com atualização constante.

Boletins informativos

Os boletins informativos podem ser impressos ou eletrônicos. Para o pessoal administrativo, pode ser eletrônico. No entanto, para o pessoal operacional, o ideal é que seja impresso.

As empresas do segmento industrial costumam utilizar esse instrumento para as informações que necessitam de repasse imediato. Entregue de mão em mão, no início, no meio ou no final do dia de trabalho, demonstra a atenção da empresa com a pessoa e a importância da informação.

Muitas empresas possuem boletins impressos específicos para informações do processo de produção.

Os boletins eletrônicos, por sua vez, deveriam substituir os muitos e-mails que as empresas utilizam atualmente com informações isoladas.

Mala-direta

A mala-direta tem sido muito utilizada para repasse de mensagens da direção ou do presidente da empresa.

Conheço empresas que, três ou quatro vezes por ano, enviam ao colaborador uma carta, em formato A4, autoenvelopável, com a Palavra do Presidente.

Esse é um canal bastante importante para que sejam trabalhadas questões estratégicas e pode, inclusive, ser enviado para a casa do empregado.

Display de mesa

O display de acrílico para as mesas dos restaurantes e das salas de reuniões também tem sido muito utilizado para a veiculação de informações que podem ser sobre o cotidiano da empresa ou sobre grupos de conteúdos mais importantes, como de Recursos Humanos, de Mercado e Produto ou de Responsabilidade Social.

Trata-se de um canal de custo muito acessível e de bastante visibilidade. Mesas compridas devem receber três ou mais displays, a fim de que todos os que estiverem utilizando-as sejam atingidos.

É importante lembrar que os restaurantes das empresas caracterizam-se como um local muito adequado para a colocação de canais de informação por concentrarem um grande número de pessoas por, pelo menos, meia hora ao dia.

Intranet

A intranet está cada vez mais sofisticada. O ideal é que ela seja tratada com uma revista, com projeto gráfico e editorial definido, contemplando espaços para todos os grupos de conteúdo importantes para a empresa.

Algumas têm o formato de portal. Outras, possuem dentro da sua estrutura, um portal administrado pela área de Recursos Humanos que permite, inclusive, a interatividade por parte dos colaboradores numa espécie de atendimento virtual.

Como um importante veículo interno, a intranet faz o "marketing para dentro" no verdadeiro sentido da expressão, quando uma área específica pode divulgar ao restante da empresa aquilo que está fazendo, os resultados que vem obtendo e o que pretende adotar em termos de melhorias, além de informações de mercado.

A intranet representa, também, a oportunidade para que pessoas que trabalham numa mesma empresa possam compartilhar entre si os conhecimentos que detém individualmente, o que a torna, também, um canal de integração.

Além disso, a intranet pode franquear ao público interno uma série de serviços especiais que levam em conta suas necessidades específicas.

Em comunicação interna, é comum a publicação de jogos e atividades interativas na intranet, a fim de estimular o acesso. Além disso, os hot sites são muito utilizados em campanhas internas de conteúdo mais denso.

Conheço uma empresa que criou uma família de personagens que habitam a intranet e interagem com as pessoas a cada acesso. Eles possuem personalidades distintas, representando os segmentos de público interno existentes na empresa. Ao abrir a intranet, os colaboradores dessa empresa se deparam com novas mensagens e interações. A atualização é diária.

Com isso, a intranet deixa de ser um veículo estável com atualização de conteúdo para ser um verdadeiro canal de interatividade.

TV interna

A TV interna é um dos canais de comunicação interna que mais tem despertado, neste momento, a atenção das grandes empresas, por ser capaz de acelerar a construção ou consolidação de uma determinada cultura.

O interesse cada vez maior das pessoas por esse tipo de tecnologia, cujo acesso acontece via satélite, associado ao fato de que proporciona um ótimo nível de aprendizado, faz dessa mídia o alvo das empresas que já evoluíram no seu marketing interno através de instrumentos escritos.

No entanto, esse mecanismo é bem mais complexo do que parece e tem se revelado ineficiente em muitas empresas que não estão preparadas para a sua adoção e, principalmente, manutenção.

O insucesso, na maior parte das vezes, é decorrente do fato de que o interesse dos funcionários tende a cair, a cada programa, se não forem feitos os ajustes necessários.

Além de um trabalho profissional, é preciso um processo de pesquisa constante, a exemplo do que fazem as emissoras de televisão, para adaptação de roteiro e conteúdo.

Ao mesmo tempo, é preciso que o seu lançamento seja antecipado de um levantamento sobre os assuntos que mais interessam e que serão capazes de emocionar o público interno.

O primeiro passo, depois desse levantamento, é verificar o nível das competências internas para estabelecer e sustentar a questão editorial dos programas, pois um dos principais responsáveis pelo fracasso desse instrumento é exatamente a falta de conteúdo.

Outra preocupação deve ser a definição do local, do horário e do equipamento através do qual o programa será apresentado ao público interno. Um projeto-piloto é indispensável para que a equipe de produção, acompanhada da direção da empresa, possa analisar o desenho do programa, comparando-o com os objetivos pelos quais ele foi desenvolvido.

A partir daí, a tática mais adequada é o lançamento de dois módulos por mês, de forma a resguardar o programa de um desgaste precoce e, então, fazê-lo crescer progressivamente.

Da mesma forma, a educação pela televisão somente acontece a partir de uma linguagem moderna e da participação do elemento humano, no caso o próprio colaborador.

É indispensável a criação constante de vinhetas, além da geração de fatos e acontecimentos capazes de conquistar a concentração das pessoas e de permitir a agilidade e o dinamismo visual que um canal como esse necessita.

O ideal é que a empresa opte por dois tipos de programas que podem dar lugar um ao outro, de acordo com a situação. São eles:
- videojornal semanal, quinzenal ou mensal com quadros definidos; e
- vídeo-relâmpago, com comunicações rápidas sobre determinações e mudanças internas como estoque, logística, novos produtos, política de preços, condições de pagamento etc. no caso de uma empresa de varejo, por exemplo.

Ambos os modelos devem contar com um profissional-âncora que conduzirá os programas e chamará para as matérias. Além do profissional-âncora, os programas deverão ter, também, um repórter responsável por criar um clima descontraído nas entrevistas e reportagens externas. Além disso, deve ser usado o recurso de um narrador em *off* para textos e reportagens mais emotivas.

Programas de televisão, por mais simples que sejam, possuem um custo de produção alto para o orçamento de endomarketing de algumas empresas.

Quando os programas não estiverem no ar, a rede de TV pode ser utilizada para o repasse de informações diversas através de caracteres, sempre priorizando cartões de abertura diferenciados que chamem a atenção das pessoas para os grupos de conteúdo.

Rádio interna

Tenho observado que empresas que possuíam uma rádio interna, a tiraram do ar. O que ouço sempre é: *tínhamos uma rádio, mas acaba sendo só música e atrapalhava o trabalho. Então, deixou de funcionar.*

Isso deve ter acontecido em função da necessidade de profissionais especializados no assunto e dos custos de produção que, apesar de mais baixos do que os da TV interna, também podem representar um porcentual importante nos orçamentos de endomarketing.

Mas as empresas não perderam muito com essa situação, pois a rádio interna é considerada um dos canais menos eficazes em nível de comunicação com o público interno. Se endomarketing é um processo educativo e o aprendizado acontece apenas 12% pela audição, a rádio interna pode ser considerada um veículo complementar e não de primeira linha.

Sobre o melhor formato para programas internos de rádio, as frases de efeito e as notícias curtas, intercalando a programação musical podem produzir ótimos resultados, funcionando normalmente durante o horário de trabalho.

Caso a empresa opte por programas mais pesados, com mensagens mais longas, discursos ou falas técnicas, estes devem ser veiculados somente em intervalos de descanso ou no restaurante, durante o almoço.

No entanto, ao ouvir pessoas durante os processos de diagnóstico, tenho percebido que, durante o horário das refeições, as pessoas preferem o silêncio. Especialmente quando os restaurantes são grandes, frequentados por 100 ou 200 pessoas num mesmo momento, o barulho da apresentação de vídeos, músicas ou notícias, incomoda bastante.

Conheço uma empresa que realiza seus eventos internos sempre no restaurante da empresa, onde almoçam mais de 300 pessoas ao mesmo tempo. A percepção dos colaboradores, sobre essa prática, é muito negativa. *A gente não entende nada, É esforço colocado fora*, dizem, na esperança de que a empresa busque um outro horário e local para essas intervenções.

Existem ainda empresas que, por estarem localizadas em pequenas comunidades, optam por oferecer, aos seus empregados, um programa diário na rádio local da cidade, geralmente no início do dia, no qual transmitem informações internas e externas.

Mídias eletrônicas

A tela de descanso dos computadores das empresas tem sido um importante canal para a veiculação de imagens relacionadas com campanhas internas.

No entanto, caso o sistema de tecnologia da empresa permita, a tela de descanso também pode ser utilizada para a transmissão de informações locais em caracteres num processo randômico atualizado diariamente.

Imagens de campanhas internas podem, também, ser projetadas em locais da empresa que surpreendam o empregado como, por exemplo, numa das fachadas ou no chão da recepção da empresa.

Existem ainda os painéis luminosos, que ficam passando mensagens informativas e motivacionais enquanto as pessoas estão na fila do restaurante, esperando o ônibus da empresa ou até mesmo entrando na área operacional.

O telefone celular é outro veículo utilizado, hoje, para mensagens rápidas aos empregados. Conheço uma empresa que, ao receber um prêmio importante, gravou uma mensagem de voz do presidente, dando parabéns às pessoas, e enviou para o telefone celular de todos.

As mensagens virtuais e eletrônicas têm um efeito muito positivo no que se refere à assimilação por parte do colaborador.

Outras mídias internas

Nunca simpatizei muito com os acrílicos que algumas empresas colocam em frente ao vaso sanitário para a publicação de informações a serem lidas enquanto o empregado vai ao banheiro.

Entretanto, as empresas têm utilizado outro canal, também no banheiro, porém com um apelo bem mais forte, que é o adesivo afixado no espelho.

Os adesivos tanto podem veicular mensagens informativas quanto motivacionais, possibilitando também a interação quando, por exemplo, a pessoa pode se olhar dentro de uma determinada imagem ou texto.

Os móbiles de teto também têm sido bastante utilizados. Além deles, algumas empresas que possuem estruturas com divisórias, utilizam displays afixados entre elas para a divulgação de campanhas internas.

Existem empresas que costumam colocar adesivos nos ônibus que carregam os funcionários ou pintam o piso do estacionamento com mensagens relacionadas com segurança.

Outra mídia que tem sido bastante utilizada são as cancelas de entrada das fábricas. O empregado que chega de carro na empresa é obrigado a parar diante da cancela e pode ter acesso a uma mensagem motivacional através de um minipainel afixado nela.

O planejamento estrutural acontece quando a empresa decide sobre os canais que utilizará para se comunicar com o seu público interno, o que inclui as mídias internas que podem ficar previamente definidas para a utilização em campanhas internas.

Campanhas internas: informativas e motivacionais

Os canais oficiais podem veicular instrumentos informativos e motivacionais, ou seja, também devem estar preparados para a divulgação de campanhas internas. As mídias serão sempre recursos complementares.

Exemplo: o jornal de parede é um canal ou veículo. O cartaz que será veiculado no jornal de parede é um instrumento que poderá ser informativo ou motivacional (campanha interna).

Os instrumentos informativos devem ter sempre, além da informação, a explicação da informação. Independente de estar num cartaz no jornal de parede, numa matéria na revista interna ou na intranet, o texto informativo deve ser sempre um pouco mais longo e consistente do que uma mensagem motivacional.

Uma empresa necessita de esforços para informar e para engajar.

Quando a necessidade é de informação, devem ser criados instrumentos informativos a serem veiculados nos canais oficiais de comunicação interna.

Quando a necessidade é de engajamento, deve ser criada uma campanha motivacional.

Esse raciocínio é muito importante, pois as empresas, quando descobrem o endomarketing, querem fazer campanhas para tudo. Às vezes, a necessidade é de informação e não de engajamento, ou seja, basta que seja criado um instrumento informativo e veiculado nos canais oficiais de comunicação interna.

Fazer campanha interna para tudo é um erro que traz, inclusive, gastos desnecessários para as empresas. Os canais oficiais de comunicação interna servem exatamente para que as empresas não criem campanhas sem necessidade.

No entanto, existem processos, programas e projetos que necessitam de esforços maiores do que instrumentos informativos veiculados nos canais oficiais de comunicação interna.

São processos, programas e projetos que precisam do engajamento do público interno. Por isso, merecem ser divulgados por meio de campanhas motivacionais específicas. Além disso, as campanhas internas representam uma oportunidade para que as empresas possam trabalhar a emoção, o bom humor e, principalmente, o respeito pelos colaboradores.

Campanhas motivacionais

Podemos dividir as campanhas motivacionais em três tipos: de lançamento, de reforço e temporárias.

Campanhas de lançamento

São campanhas realizadas para lançar um processo, programa, projeto ou desafio como, por exemplo, a necessidade da conquista de uma nova certificação.

Quando classificada como de lançamento, a campanha deverá ter uma programação visual e um conceito adequado ao assunto que está sendo lançado, além de já contar com uma marca ou *lettering* específico.

Campanhas de reforço

São as campanhas realizadas para reafirmar conceitos, políticas, diretrizes, processos, programas ou projetos internos como, por exemplo, campanhas sobre missão, visão e valores, ou campanhas voltadas para segurança, qualidade de vida etc.

As campanhas de reforço devem ser assinadas com a marca ou o *lettering* do programa (já criado e institucionalizado), podendo ter um conceito específico que as diferencie de campanhas realizadas em anos anteriores.

Campanhas temporárias

São aquelas realizadas em datas específicas, porém sem uma sistemática, definidas a partir de uma determinada necessidade como, por exemplo, vacinação de colaboradores, paradas da área operacional para manutenção, comemoração de datas festivas etc.

Quando classificadas como temporárias, as campanhas deverão contemplar o nome da ação na programação visual como parte da ideia criativa e não como uma marca ou *lettering*.

Canais de integração

Os canais de integração são todos aqueles que permitem a convivência entre pessoas, áreas e unidades.

Normalmente, isso acontece a partir da realização de grandes eventos para os quais são convidados todos os segmentos de público interno da empresa como: festas de final de ano, convenções internas e celebrações importantes como o aniversário da empresa em datas fechadas (10, 20, 30, 40, 50 anos...).

Além disso, a integração pode acontecer através de atividades que incentivem a troca de experiências. Entre elas, estão:
- a troca de nível por um dia, em programas tipo "hoje, eu sou você"; "um dia na direção", "um dia de presidente" etc.;
- a troca de área por um dia, permitindo que o colaborador conheça a realidade da outra área;
- a troca de lugar, dentro de uma mesma área, permitindo que o colaborador exerça, por um dia, outra função;

- as viagens para conhecer a sede ou unidades da empresa, muitas vezes dadas como prêmios em programas de reconhecimento; e
- as reuniões e/ou convenções de uma determinada área.

Todas essas ações de integração são válidas se bem organizadas e se planejadas com vistas a resultados concretos.

O ideal é que, após as trocas, viagens ou eventos, a empresa possa publicar a percepção das pessoas sobre a experiência que viveram e o aprendizado decorrente da participação em seus canais de comunicação interna.

Canais de comunicação face a face

Algumas empresas estabelecem um padrão para a comunicação face a face, composto por uma série de reuniões, consideradas o mínimo que uma liderança precisa fazer para o repasse das informações que recebe da empresa com esse objetivo.

Uma das ações de comunicação face a face mais utilizadas pelas empresas é o famoso "Café com o Presidente", ou "Café com a Direção" ou "Café com o Gerente".

Para o sucesso desse tipo de ação, que também pode ser considerada de integração, existem algumas regras a serem seguidas por quem as realiza que são:
- Escolher uma sala para a realização do café.
- Ter em mãos a relação das pessoas com quem vai tomar o café (essa relação deve ser fornecida pela área de Recursos Humanos da empresa, contendo dados como: nome do empregado, tempo de empresa, idade e cargo que ocupa e área em que trabalha na empresa).
- Procurar deixar todos à vontade. Se possível, utilizando técnicas de "quebra-gelo", perguntando o apelido de cada um, o estado civil etc. Assim, sempre haverá um motivo para que as pessoas se soltem, riam e se sintam à vontade para participar.

- Responder a todas as perguntas em nome da empresa. Não deixar ninguém sem resposta, mesmo que a resposta seja "esta informação eu ainda não possuo, mas vou buscá-la e prometo repassar a vocês".
- Agradecer a participação de todos, dizendo o quanto o momento do café foi importante para você, como líder.

Temos criado convites diversos para ações como essa: desde a caneca que será utilizada no evento até cartões com um sachê de açúcar, um chocolate ou um saco de bolachinhas para acompanhar o café.

Conheço uma empresa que promovia o Café com o Superintendente e, para esse evento, contratava um bufê que preparava um serviço de café muito sofisticado.

O próprio superintendente comentou que, durante o café, as pessoas tanto da área administrativa quanto operacional não se serviam. Tudo permanecia intacto até o evento terminar. Mas logo que o evento terminava, as pessoas da área operacional se retiravam timidamente e as pessoas da área administrativa voltavam até a sala para poder comer sem estar na presença do superintendente.

Sei de uma empresa que trabalha três modalidades de compromisso com a informação:
- Compromisso mensal: mensagem eletrônica do presidente da empresa, enviada para as lideranças, a fim de que elas imprimam e leiam num dos seus compromissos semanais ou diários.
- Compromisso semanal: reunião semanal, de uma hora, das lideranças administrativas com os seus subordinados.
- Compromisso diário: reunião diária, de dez minutos, das lideranças operacionais com os seus subordinados.

Com essas três ações de comunicação face a face, a empresa consegue fazer que a informação chegue até a base da pirâmide organizacional.

Conheço outra empresa que implantou, recentemente, uma ação de comunicação face a face denominada "Desafio da reunião quinzenal".

Através dessa ação, a empresa propôs que as suas lideranças realizassem, a cada quinze dias, pelo menos uma reunião com os seus subordinados. As lideranças passaram a receber, da direção da empresa, um e-mail denominado pauta-quinzenal, contendo as principais informações a serem repassadas durante a reunião.

Paralelamente, a empresa publicou cartazes de lançamento do desafio, chamando a atenção das pessoas para que cobrassem seus líderes no sentido de realizar as reuniões.

Os cartazes veicularam mensagens como:
- Reunião quinzenal: você tem direito a esse espaço de informação.
- Reunião quinzenal: lembre o seu líder de realizá-la.
- Não deixe a quinzena passar sem que o seu líder tenha realizado pelo menos uma reunião com você e seus colegas.

Primeiro, as lideranças foram sensibilizadas numa reunião realizada pelo presidente e, depois, por um folder e uma cartilha que explicavam todos os procedimentos a serem adotados durante as reuniões.

Esses são apenas alguns exemplos de reuniões de comunicação face a face adotadas pelas empresas. Independente de formato, duração, coordenação ou conteúdo, todo o planejamento estrutural de comunicação interna deve conter, além de canais informativos e canais de integração, um padrão mínimo de reuniões de comunicação face a face.

Planejamento criativo

O planejamento criativo começa por um bom *briefing*, baseado em informações concretas sobre o perfil do cliente e as principais características do seu público interno.

É com base nessas informações que se torna possível estabelecer um perfil criativo para o padrão em questão. No nosso caso, o planejamento de um padrão de comunicação interna acontece após o diagnóstico no qual levantamos o máximo de informação, mas antecede o relacionamento com o cliente.

É através do relacionamento sistemático com a empresa que conseguimos construir um entendimento sobre a linha criativa mais adequada. Como esse relacionamento, na maior parte das vezes, ainda não está acontecendo, levamos em consideração os dados levantados no diagnóstico, associados ao *briefing*.

A partir daí, desenvolvemos um ícone e/ou um *lettering* que vai ajudar na definição das demais peças (canais e instrumentos) do planejamento.

> **O ícone serve para representar as dimensões da comunicação interna e a origem da informação.**

Temos um exemplo bastante claro disso numa empresa para a qual trabalhamos cuja visão é ser uma empresa de classe mundial.

O ícone que representa a comunicação interna dessa empresa é um globo dividido em quadrados, dos quais quatro são coloridos:

- o azul – cor da imagem corporativa da empresa, representa a comunicação interna corporativa;
- o amarelo – segunda cor da empresa, representa a comunicação interna local;
- o laranja – cor da indústria e da produtividade, representa a comunicação pontual (campanhas informativas e motivacionais); e
- o verde – cor que remete à serenidade, representa a comunicação direta das lideranças com os seus subordinados.

Esse globo sofre alterações de acordo com a origem da informação. Quando a informação é corporativa, o material tem predominância da cor azul e o globo aparece apenas com o quadrado azul; quando a informação é local, o material tem predominância da cor amarela e o globo aparece apenas com o quadrado amarelo.

Esses detalhes são importantes na concepção de um planejamento criativo, pois são eles que orientarão a forma que será dada para os canais e instrumentos.

Obviamente, o estilo de linguagem e a programação visual que será utilizada na construção dos canais e instrumentos serão definidos a partir do perfil da empresa e do público a ser atingido.

Existem empresas que exigem uma linha criativa mais econômica em detalhes e, outras, que preferem algo mais voltado para humor. Há, também, aquelas que merecem uma linha criativa mais ousada, com recursos mais modernos, enquanto outras preferem uma abordagem criativa mais leve, mais delicada.

A linha criativa definida para um padrão de comunicação interna deverá ser levada em consideração em todos os esforços internos da empresa a partir desse momento.

> **❝ É preciso haver um mínimo de padronização, a fim de que o empregado consiga distinguir a comunicação interna da comunicação externa. ❞**

Ao escolher a cor predominante, por exemplo, nem sempre podemos optar pela cor da imagem corporativa, pois algumas empresas utilizam demasiadamente a cor da imagem corporativa na sua relação com o mercado. Se optarmos pelo mesmo recurso na comunicação interna, estaremos confundindo os empregados.

Quando a empresa não possui uma comunicação forte com o mercado, podemos usar e abusar da cor da imagem corporativa, o que é o ideal em nível de comunicação interna.

No caso de empresas do segmento bancário, por exemplo, a cor da imagem corporativa é amplamente utilizada na papelaria com a qual o público interno interage para vender produtos e serviços. Se utilizarmos a mesma cor na comunicação interna, estaremos errando.

Trabalhamos para uma empresa de telefonia que possuía regras rígidas em relação à linha criativa: a cor de fundo das peças tinha que ser sempre a mesma, apenas um tipo de letra poderia ser utilizado, as imagens precisavam ser do seu próprio banco de imagens etc. E essas regras valiam, também, para a comunicação interna.

O espaço que tínhamos para criar, com tantas regras, era mínimo.

Lembro que num determinado dia percebi que um dos nossos diretores de arte estava criando um cartão de natal para essa empresa. A imagem utilizada era a de uma família envolvida com um fio natalino, desses que decoram as árvores de natal. Elogiei o diretor de arte, pois achei a peça extremamente bonita.

Minutos depois, sai para o almoço e, no trajeto até a minha casa, avistei um outdoor da empresa com a mesma imagem. Fiquei muito decepcionada. A peça perdeu o valor naquele momento, pois vi que estávamos sendo obrigados a usar a mesma imagem da campanha externa no cartão de boas-festas para os empregados.

Exemplos como esse, nos ajudam a chamar a atenção para o fato de que nem sempre a comunicação interna deve ser uma decorrência da externa, embora alguns estudiosos sobre o assunto defendam o endomarketing dessa forma.

É claro que o ideal é termos aquilo que chamamos de uma "versão para dentro", já que o objetivo é também vender a imagem da empresa, só que para o público interno.

Mas temos que fazer isso mostrando que a empresa o distingue como parte importante do processo e, por isso, realiza uma comunicação interna específica para ele.

Essa comunicação interna pode ter os mesmos conceitos, uma linha criativa parecida, mas não pode ser igual à comunicação externa, sob pena de os colaboradores não saberem distinguir uma da outra.

A criação capaz de gerar impacto

Marketing é o negócio visto pelo seu resultado final, ou seja, do ponto de vista do consumidor.

Quando o marketing é voltado para dentro, a regra também permanece a mesma: é a percepção do funcionário sobre a empresa e seus processos de gestão.

> **"Endomarketing é tudo aquilo que estimula positivamente os sentidos dos funcionários e permite que a empresa estabeleça com eles relacionamentos saudáveis, duradouros e, sobretudo, produtivos."**

Como um conjunto de estratégias e técnicas de marketing que a empresa utiliza para dentro, não há dúvida que o canal, a campanha, o instrumento ou a ação, ou seja, os meios técnicos que fazem operar o processo da informação, influenciam no modo e no grau desse estímulo.

Para gerar impacto no comportamento do público interno, foi descoberto que o estímulo precisa obedecer a três dimensões específicas:

Personalização

O nível de personalização depende de como a forma e o conteúdo da comunicação interna se ajustam às características do público interno ao qual se destina. Quanto mais pessoal e menos formal for a mensagem, maior será o seu êxito.

Interatividade

O nível da interatividade depende da velocidade e do incentivo ao retorno que a comunicação interna provoca no colaborador.

A comunicação de mão dupla é sempre importante para qualquer processo de gestão, pois permite saber o que pensa e como se sente o público interno diante daquilo que lhe foi informado.

Impacto sensorial

O nível de impacto sensorial torna-se alto quando o colaborador pode ver, ouvir, sentir, cheirar e experimentar a informação. Um *test-drive* de um novo carro em montadoras ou revendas de automóveis pode ser um bom exemplo disso.

Quando um cliente nosso comemorou o vigésimo aniversário do seu jornal interno, criamos um cartão que tinha o formato de um bolo e era aromatizado. Esse cartão foi colocado dentro do jornal interno. Ao abri-lo, as pessoas se deparavam com a imagem do bolo e sentiam o cheiro de chocolate.

Esse mesmo recurso é ideal para o lançamento de novos produtos e/ou conceitos, quando o objetivo é fazer que o público interno acredite e aprecie aquilo que vai produzir, vender ou simplesmente manipular.

Padronização e manualização

Muitas vezes, quando visito uma empresa que ainda não possui um processo estruturado de comunicação interna, alguém me diz: *tínhamos um jornal interno, mas era uma colega nossa quem fazia. Depois que ela foi embora, ele deixou de existir, ou temos murais espalhados pela empresa, mas estão vazios, pois o estagiário responsável saiu da empresa.*

> ❝ A comunicação interna deve ser um processo e não uma pessoa. ❞

E como processo, deve ser padronizado, de acordo com as necessidades da empresa, além de transformado em manual. A padronização e a manualização impedem que o processo pare. Além disso, permite que todas as unidades de uma mesma empresa possam seguir o mesmo padrão.

Empresas consideradas benchmarking em endomarketing possuem, em todas as suas unidades, os mesmos canais, a mesma linguagem e, principalmente, o mesmo nível de informação.

Como itens que devem compor um padrão de comunicação interna, sugiro:
- Política de comunicação interna.
- Matrizes de conteúdo.
- Ícones, marcas e slogans.
- Planejamento estrutural, com a descrição de todos os canais, instrumentos e ações.
- Programação visual de todos os canais e suas especificações técnicas.
- Itens de controle e instrumentos de medição e monitoramento.

Responsabilidades

Em quase todas as empresas para as quais trabalhamos, a responsabilidade da comunicação e do marketing interno é da área de Recursos Humanos.

No meu entender, para a criação, implantação e operacionalização do endomarketing o ideal é que haja uma parceria entre as áreas de Marketing e de Recursos Humanos das empresas. Afinal, a área de Recursos Humanos domina a informação sobre o elemento humano dentro da empresa, mas é a área de Marketing que domina as técnicas e estratégias a serem adotadas.

> **❝ Um dos desafios enfrentados pelas grandes empresas tem sido fazer com que todas as suas unidades desenvolvam o mesmo processo com o mesmo nível de eficiência. ❞**

Algumas delas possuem unidades em mais de quinze estados brasileiros. Outras possuem unidades no Brasil e no exterior. Existem, ainda, aquelas que estão adquirindo empresas de forma sistemática.

O desafio está em fazer o mesmo processo ser implantado e mantido em unidades tão distantes, pois as áreas de endomarketing das empresas são compostas por poucas pessoas, quando não é apenas um profissional que se responsabiliza pelo processo.

Conheço empresas em que cada unidade possui uma área de Recursos Humanos e, em cada uma dessas áreas, um profissional com a atribuição de cuidar da comunicação interna.

Conheço, também, empresas que desenvolveram agentes de endomarketing em cada uma de suas lojas. Trata-se de uma rede de colaboradores-parceiros da área de endomarketing que auxiliam na sua operacionalização em nível local. Em casos como esse, os agentes de endomarketing ou de comunicação interna são treinados para:

- entender a comunicação interna como um processo sistemático e integrado;
- conhecer o padrão de comunicação interna da empresa; e
- conhecer todos os canais de comunicação interna da empresa, tanto corporativos como locais, dominando a sua operacionalização.

Entre as responsabilidades dos agentes de comunicação interna está:

- receber os materiais corporativos;
- providenciar a sua veiculação e atentar para a periodicidade de cada um;
- entender os objetivos de comunicação das campanhas em andamento, demonstrando engajamento e envolvimento com o tema em questão;
- apoiar, em nível de informação e operacionalmente, campanhas e eventos internos;
- levantar e enviar informações a serem disseminadas pela comunicação interna;
- pesquisar se todos os colaboradores da unidade estão sendo atingidos pela comunicação interna corporativa;

- pesquisar os sentimentos e percepções do público interno em relação às campanhas (conteúdo, cores, conceito, visual etc.); e
- representar a Comunicação Interna da empresa perante o público interno da sua unidade.

Resumindo, o agente de comunicação interna deve ser reconhecido como um ponto de apoio da comunicação da empresa com o colaborador e do colaborador com a empresa, garantindo assim a via de mão-dupla das informações.

Capítulo 16

Analisa de Medeiros Brum

Quando e como lançar um processo

O lançamento de um programa de endomarketing é muito importante, pois não se deve esperar que as pessoas se deem conta, pelo menos em curto prazo, de que existe uma nova realidade em termos de comunicação na empresa.

O ideal é que a empresa estabeleça data, horário e local para efetuar o lançamento. Empresas com muitas unidades devem buscar a possibilidade de realizar o lançamento em todos os locais no mesmo dia e horário.

O lançamento pode começar com uma campanha *teaser*, despertando a expectativa das pessoas em relação ao novo processo. A campanha *teaser* pode ser seguida, também, de uma campanha informativa sobre os principais conceitos e a importância da comunicação entre a empresa e seus colaboradores.

Para o lançamento propriamente dito, é decisivo que se crie, produza e entregue na mão de cada colaborador um *broadside* ou uma edição especial da revista interna com todo o raciocínio do processo, além da apresentação de cada canal, seu formato, objetivos e periodicidade.

Algumas empresas entregam aos colaboradores uma camiseta com a marca interna. Outras entregam um brinde com o ícone da Comunicação Interna que pode ser um jogo de montar, um chaveiro ou qualquer outro instrumento que represente o processo.

205

Conheço uma empresa que escolheu a figura de um cata-vento para representar o seu padrão de comunicação interna. No lançamento, enviou às pessoas um jogo para que cada colaborador montasse o ícone e interagisse com ele, pois cada ponta do cata-vento representava um dos veículos que compunha o processo.

Outro fator decisivo para o sucesso do lançamento de um padrão é a palavra do presidente. O ideal é que o presidente fale para o público interno, pessoalmente ou através de um vídeo, colocando o quanto o momento é importante para a empresa e o quanto a comunicação interna, feita de forma sistemática e integrada, vai contribuir para o seu crescimento.

Outra estratégia interessante é colocar todos os canais em funcionamento e deixá-los cobertos para, no momento do lançamento, serem descerrados e passarem então a informar, cada um, seus próprios objetivos.

Muitas são as oportunidades que uma empresa pode encontrar para lançar o seu padrão. Algumas escolhem o início de um ano fiscal, outras o aniversário da empresa.

Existem, também, empresas que realizam eventos para o lançamento do padrão como, por exemplo, uma palestra motivacional seguida de um *coffee* ou de um coquetel.

> **❝ O importante é fazer com que a empresa pare por, pelo menos, alguns minutos para pensar na importância da comunicação interna. ❞**

Mais importante ainda é fazer com que as pessoas percebam que a comunicação interna é uma estratégia de gestão da empresa, assumida e apoiada pela sua direção.

ABCDEFGHIJKLMNOPQRSTUVWXY

Capítulo 17

Resultados: como mensurar

A desconfiança é uma das características da pós-modernidade. Estamos sempre desconfiados se conseguimos atingir os objetivos a que nos propusemos ou não.

Por outro lado, os orçamentos das áreas de Recursos Humanos e/ou Marketing das empresas já dedicam um porcentual considerável para o endomarketing, que precisa ser justificado em resultados.

Segundo o dicionário Houaiss, informação é:
- a comunicação ou recepção de um conhecimento ou juízo;
- o conhecimento obtido por meio de investigação ou instrução, esclarecimento, explicação, indicação, comunicação, informe;
- o acontecimento ou fato de interesse geral tomado do conhecimento público ao ser divulgado pelos meios de comunicação – notícia;
- o informe escrito, relatório; e/ou
- o conjunto de atividades que têm por objetivo a coleta, o tratamento e a difusão de notícias junto ao público.

Da ótica de mensuração de resultados, a informação é a quantidade numérica que mede a incerteza do resultado de um experimento a se realizar; medida quantitativa do conteúdo da informação.

> **"** Uma empresa necessita de informação sobre mercado, concorrentes, consumidores, distribuidores, fornecedores e público interno. **"**

Mas a informação não basta por si só. Ela precisa estar ordenada, sistematizada e canalizada.

O grande desafio, hoje, é mensurar o retorno de ações de endomarketing, especialmente no que se refere às campanhas internas.

A mensuração de resultados de um processo é bem mais fácil. Basta que as métricas sejam estabelecidas e que seja usado um instrumento quantitativo elaborado de acordo com aquilo que realmente foi oferecido ao público interno em nível de informação e de integração.

Os aspectos que devem ser levados em consideração numa pesquisa quantitativa para medir a eficácia de um processo de endomarketing são:

Público

Devem ser contemplados, na pesquisa, todos os segmentos de público interno, mesmo aqueles para os quais os esforços não foram direcionados.

O ideal é trabalhar com senso. Caso não seja possível, é importante ter 30% dos segmentos de público localizados na base e 70% das lideranças. Caso o número de lideranças seja inferior a 10, deve-se incluir 100%.

Abrangência

A pesquisa de comunicação interna deverá abranger:
- Esforços corporativos (todos os canais em funcionamento).
- Esforços locais (todos os canais em funcionamento).
- Esforços pontuais (alguns exemplos de campanhas internas informativas e motivacionais).
- Comunicação face a face (comunicação das lideranças com as suas equipes).

O ideal é pelo menos uma pergunta sobre a relevância de cada um dos canais implantados, tanto em nível corporativo quanto local.

Exemplo: mesmo que a empresa não tenha realizado esforços de incentivo à comunicação face a face (direta), é importante medir o quanto ela acontece mesmo que intuitivamente, ou seja, sem um padrão.

O resultado disso poderá ser fundamental para, num próximo exercício, a empresa tomar a decisão de implantar um padrão ou não.

O mesmo deve acontecer com campanhas motivacionais e informativas. Não é preciso perguntar sobre todas, mas é importante saber se as pessoas as percebem ou não.

Itens de controle

A formatação do questionário deve conter o mesmo número de questões para cada um dos itens de controle.

Para a comunicação interna, sugiro quatro itens de controle.
- informação;
- integração;
- sistemática do processo;
- comunicação face a face.

Informação – Mede a percepção das pessoas em relação ao conteúdo veiculado nos canais de comunicação interna.

Integração – Mede a percepção das pessoas em relação aos níveis de integração decorrentes do processo de comunicação interna.

Sistemática do processo – Mede a percepção das pessoas em relação à sistemática e a atualização dos canais, instrumentos e ações de comunicação interna.

Comunicação face a face – Mede a atuação da liderança como canal de comunicação interna da empresa.

Formatação do instrumento

O ideal é que o questionário seja composto por:

- seis ou oito questões relacionadas com níveis de informação;
- seis ou oito questões relacionadas com níveis de integração;
- seis ou oito questões relacionadas com a sistemática do processo;
- seis ou oito questões relacionadas com a comunicação face a face;
- uma ou duas questões fechadas sobre cada canal/veículo, acompanhada de um espaço aberto para comentários; e
- uma questão aberta para levantamento de percepção sobre o clima organizacional.

Mensuração

Em pesquisa de comunicação interna, o ideal é não trabalhar com respostas numéricas e, sim, com palavras que determinam o sentimento e a percepção da pessoa em relação ao assunto.

Para cada resposta/palavra (sim/não/em parte) deverá ser atribuído um valor numérico/estatístico, a fim de que seja possível o cálculo do índice de favorabilidade.

Assim, por estarem agrupadas, as questões relacionadas com informação darão origem ao índice de favorabilidade do item de controle informação.

Esse índice de favorabilidade será calculado por questão, por item de controle, por Unidade e/ou Área e geral para a comunicação interna.

Com isso, a cada ano, será possível medir o quanto aumentou ou diminuiu a percepção favorável do público interno em relação à informação, integração, sistemática do processo e comunicação face a face, além de haver a oportunidade de melhoria de cada canal/veículo para os quais haverá questões específicas.

Cruzamentos

Sugiro que sejam realizados os seguintes cruzamentos:
- geral;
- por item de controle;
- por cargo;
- por área/unidade.

Uma empresa que possui muitas unidades pode identificar, por exemplo, em qual unidade a informação corporativa não está chegando ou, também, qual a unidade que está encontrando dificuldades para operacionalizar a comunicação local.

Para que sejam possíveis esses cruzamentos, o público interno deverá se identificar por cargo e área/unidade, na página de abertura do questionário que poderá ser real ou virtual.

Tabulação

A tabulação deve ser feita por um profissional de estatística. Ele será o responsável por gerar os gráficos com os resultados por: item de controle; cargo; geral; unidade; e área da empresa.

Para uma análise mais aprofundada, pode-se também gerar gráficos por questões.

Simulação de questões que devem compor um questionário, tendo como exemplo uma empresa de varejo.

Item de controle: Informação

1. A empresa tem conseguido manter uma comunicação ágil e eficaz com os seus colaboradores?

2. Os canais de comunicação interna da empresa têm aumentado o seu nível de informação sobre a empresa?
3. Você conhece claramente a Missão, a Visão, os Valores e os Princípios da empresa?
4. Você tem acesso a informações institucionais da empresa como abertura de novas lojas, conquista de novos mercados, prêmios recebidos pela empresa, objetivos a serem cumpridos, regras e procedimentos?
5. Você recebe informações corporativas sobre processos, programas e projetos de Recursos Humanos da empresa através dos canais de comunicação interna?
6. Você conhece claramente os objetivos, metas e desafios da área ou loja na qual trabalha?

Item de controle: Integração

1. Você conhece o diretor-presidente da empresa e já teve acesso a sua opinião sobre diversos assuntos, mesmo que apenas através de canais internos?
2. Você consegue sentir-se parte da empresa, mesmo trabalhando numa área ou loja distante da sede?
3. Você acredita que os canais de comunicação interna da empresa conseguem mostrar que a empresa realmente se preocupa com o ser humano, sua segurança e bem-estar?
4. Quando necessita de informações de outras Áreas ou Lojas da empresa, você é atendido com presteza e cordialidade?
5. Você se sente à vontade na área ou na loja na qual trabalha e convive bem com seus colegas de trabalho?
6. Você é atendido com presteza e cordialidade quando necessita de serviços ou informações das áreas corporativas da empresa?

Item de controle: Sistemática do processo

1. Você recebe a Revista Interna da empresa sistematicamente?
2. Você considera importante ler a Revista Interna da empresa?
3. Você costuma ler o que é publicado no Jornal de Parede?
4. Você percebe a mudança dos cartazes veiculados no Jornal de Parede e nos painéis de acrílico que existem nas áreas e nas lojas?
5. Você costuma acessar a Intranet da empresa?
6. Você tem encontrado, no espaço de RH, as informações de que necessita?
7. Você costuma assistir ao Programa de TV da empresa?
8. Você considera relevante o conteúdo apresentado no Programa de TV da empresa?
9. Na área ou loja em que você trabalha, acontece a reunião de equipe?
10. Você considera importantes as informações que são repassadas na reunião de equipe?
11. Você tem acessado o serviço "Pergunte ao RH" e obtido um retorno positivo?
12. A quantidade de canais de comunicação interna da empresa deve permanecer a mesma, aumentar ou diminuir?
    12.1. Caso tenha respondido "aumentar", você gostaria de sugerir a criação de mais algum canal? Qual?
13. Você consegue lembrar de campanhas de comunicação interna que a empresa veiculou no último ano para se comunicar com os seus colaboradores?
    13.1. Caso tenha respondido positivamente, cite algumas das campanhas que permaneceram na sua memória:
14. Você considera atrativas as campanhas internas realizadas pela empresa para divulgar seus benefícios, seus programas de incentivos, suas conquistas etc.

14.1. Caso você tenha respondido "sim", além de atrativas, essas campanhas internas conseguem motivá-lo(a), ou seja, conseguem fazer com que você se interesse em participar, produzir, se engajar etc.?

14.2. Caso você tenha respondido "não", sugira melhorias nas campanhas internas.

Item de controle: Comunicação face a face

Somente para quem não possui cargo de liderança

1. O líder da sua área tem feito reuniões com a equipe para repassar informações corporativas (da empresa) e locais (da área/loja)?
2. O líder da sua área/loja pode ser considerado um "agente de comunicação" da empresa?
3. Quando necessita de uma informação e não a encontra em um dos canais de comunicação interna da empresa, você costuma procurar o seu líder e perguntar a ele?
4. O líder da sua área/loja se preocupa em fazer com que os colaboradores tenham acesso a todos os canais de comunicação interna da empresa?
5. A empresa prepara seus líderes e repassa informações a eles para que, depois, sejam repassadas a você e seus colegas nas reuniões?
6. Cite os momentos/oportunidades em que o líder da sua área/loja costuma conversar com a sua equipe.

Somente para quem possui cargo de liderança

1. Você tem feito reuniões com a sua equipe para repassar informações corporativas (da empresa) e locais (da área/loja)?

2. Você se considera um "agente de comunicação" da empresa?
3. Quando necessitam de uma informação e não a encontram em um dos canais de comunicação interna da empresa, as pessoas da sua equipe costumam procurá-lo e fazer a pergunta a você?
4. Você se preocupa em fazer que os colaboradores tenham acesso a todos os canais de comunicação interna da empresa?
5. Você se sente preparado e instrumentalizado pela empresa para repassar informações para a sua equipe?
6. Cite os momentos/oportunidades nas quais você costuma conversar com a sua equipe.

Essas questões são básicas para a medição de processos de comunicação interna.

Para medir esforços isolados, existem diversas maneiras, algumas mais simples e diretas como, por exemplo, estabelecer métricas a serem acompanhadas ao longo do tempo. Exemplos:
- quantos acessos à intranet aconteceram ao longo de um mês; ou
- quantas pessoas pararam para ler as informações publicadas no jornal de parede no espaço de uma hora, dentro do horário de expediente e no intervalo do almoço.

Para medir campanhas internas, pode-se fazer tanto pesquisas quantitativas, quanto abordagens diretas como, por exemplo, mostrar uma peça da campanha e questionar o empregado se ele lembra qual o objetivo da campanha, em que momento ela foi realizada etc.

É possível, também, estabelecer métricas como:
- quantas pessoas participaram do evento divulgado; ou
- quantas pessoas responderam a um determinado chamado.

Algumas empresas realizam pesquisa quantitativa, ou seja, utilizam um questionário de medição logo após a realização de uma campanha interna, o que é errado.

Pesquisas devem ser feitas de ano em ano ou, no máximo, de seis em seis meses. Mais do que isso, torna-se prejudicial tanto para o processo quanto para a área responsável.

Como já foi dito, campanhas que incentivam o engajamento das pessoas são bem mais fáceis de serem medidas. Basta que aconteça a avaliação de quantas pessoas se inscreveram, quantas estiveram presentes ou quantas acessaram um determinado programa.

Obviamente, esses dados devem ser analisados associados a outras informações como: tempo de empresa dos empregados que participaram, disponibilidade de horário para que participassem, grau de subjetividade e de objetividade da campanha etc.

Para isso, é importante determinar, com antecedência, quantas pessoas a empresa deseja atingir com aquela determinada campanha.

Exemplo: a empresa deseja atingir 120 pessoas. Então, essa passa a ser a métrica. Ao atingir 90 pessoas, terá cumprido com 75% da métrica.

Outra forma de medição, porém totalmente subjetiva, é a realização de diagnósticos para o levantamento de percepções e de sentimentos do público interno em relação à forma com que a empresa se comunica com ele, que foi abordado no capítulo Ouvindo Pessoas.

> **❝ Em endomarketing, é essencial que os profissionais responsáveis estejam preparados para identificar o que é apenas um sinal e o que já é um ruído. ❞**

Da mesma forma, hipóteses devem ser levantadas o tempo todo para que, no momento da análise da informação (resultado daquilo que foi medido), os profissionais possam fazê-la com maior eficácia.

Capítulo 18

Sabendo manter

Os resultados das pesquisas realizadas periodicamente devem servir para que os processos de comunicação interna sejam aperfeiçoados sistematicamente.

A cada ano, ao realizar o levantamento de resultados, a empresa poderá rever seu posicionamento interno, os conceitos que estão sendo adotados e a eficácia de cada canal de comunicação interna, a partir da percepção do empregado.

A avaliação e posterior adaptação é decisiva a fim de que o processo possa ser visto como algo vivo e não como algo implantado e deverá permanecer da mesma forma ao longo dos anos.

> **Os esforços de planejamento conceitual, de conteúdo, estrutural, criativo e de pesquisa podem ser contratados. No entanto, cabe à empresa manter a sua comunicação e o seu marketing interno em funcionamento.**

Em primeiro lugar, temos que atentar para a sistemática, pois o fato de não terem uma periodicidade definida e/ou respeitada, faz com que os canais percam a credibilidade.

Tenho ouvido, em trabalhos de diagnóstico, as pessoas dizerem que desconhecem a periodicidade dos veículos utilizados pela empresa.

Outra grande reclamação é o fato de canais visuais como, por exemplo, o Jornal Mural ou o Jornal de Parede veicularem uma mesma notícia por muito tempo.

Os canais informativos devem ter um cunho jornalístico e o conteúdo, seja informativo ou motivacional, quando perde a sua importância ou validade, deve ser retirado do ar.

> **A manutenção de um processo não é fácil e requer uma equipe de profissionais preparados para isso.**

Uma das perguntas que mais ouço durante o processo de planejamento é: *de quantas pessoas iremos precisar para manter o processo funcionando?*

Recentemente, ao acabar de apresentar o planejamento de um processo de endomarketing para uma empresa que possui três unidades, uma no Rio Grande do Sul e duas em São Paulo, ouvi do presidente: *você está querendo me dizer que eu preciso ter uma redação de jornal aqui na empresa para manter todos esses canais?*

Um processo, quando bem estruturado, torna-se fácil de ser implantado e mantido. Mesmo assim, é utopia acreditar que seja possível mantê-lo funcionando com eficácia sem uma equipe preparada e comprometida.

Comunicação interna não é um assunto com o qual profissionais de Marketing ou de Recursos Humanos possam se envolver de quinze em quinze dias. É preciso dedicação permanente.

Dependendo do tamanho da empresa, é necessária uma estrutura composta de:
- uma a quatro pessoas, para gerenciar o processo corporativo; e
- uma a duas pessoas em cada unidade, para gerenciar o processo local.

Empresas que possuem profissionais dedicados à comunicação interna em todas as suas unidades devem reuni-los sistematicamente, a fim de que participem das decisões estratégicas e de que troquem experiências entre si.

Conheço empresas que reúnem os profissionais que cuidam do endomarketing nas suas unidades, pelo menos, a cada dois meses. Nesses encontros, a discussão dos assuntos da área acontece junto com a realização de palestras e apresentações de empresas fornecedoras, o que lhes permite o aperfeiçoamento e a atualização.

Conheço empresas que possuem uma estrutura mínima e, mesmo assim, conseguem manter sua comunicação interna com sucesso. Mas essa estrutura conta com a participação efetiva das lideranças e de conselhos de colaboradores e conselhos editoriais.

Conheço, também, empresas que possuem miniagências de propaganda em suas estruturas de endomarketing, responsáveis pela criação, finalização e administração da produção de todos os materiais utilizados.

O importante é que a empresa assuma a responsabilidade pela sua comunicação interna e não a entregue totalmente na mão de fornecedores.

> **"A informação, principal estratégia de aproximação da empresa com os seus empregados, é algo que existe dentro da empresa."**

Um bom fornecedor pode ajudar a empresa a dar valor e visibilidade a essa informação, mas jamais pode gerá-la na sua essência, nem responsabilizar-se completamente pelo gerenciamento do processo.

ABCDEFGHIJKLMNOPQRSTUVWXY

Capítulo 19

Analisa de Medeiros Brum

Treinando lideranças para a comunicação face a face

O papel das lideranças no processo da informação tem sido considerado estratégico por um grande número de empresas que busca, através de ações de treinamento, sensibilizá-las e conscientizá-las nesse sentido.

> **❝ O primeiro passo, em nível de conscientização, é mostrar que o poder da comunicação não está no reter ou deter informação e sim no fazê-la circular. ❞**

Afinal, assegurar-se do poder através da retenção da informação ou do conhecimento é uma atitude negativa tanto para o profissional quanto para a empresa na qual ele atua.

Mas conscientizar é pouco. As empresas precisam instrumentalizar seus gestores com canais de comunicação diretos, neutros e desobstruídos, que auxiliem o processo como um todo.

Algumas empresas fazem uso de profissionais que ocupam cargos de chefia para repassar a informação para a parte de baixo da pirâmide organizacional, sem que eles estejam preparados para isso ou tenham instrumentos de apoio em nível de comunicação.

O próprio funcionário considera o seu chefe um canal de comunicação. Como já foi dito, em Pesquisas de Clima e de Ambiência Organizacional, quando o fator questionado é comunicação e as pessoas são convidadas a identificar os canais utilizados para que a empresa se comunique com elas, encontra-se muito, como resposta: gerente, chefe ou gestor.

Da mesma forma, é cômodo para a empresa acreditar que, depois que uma decisão é transformada em informação e repassada para os gestores, o seu conteúdo chegará intacto até o pessoal da base.

A verdade é que o desafio do gestor é ser mais do que um canal de comunicação. É ser o representante da empresa no que se refere à informação. Ele deve falar em nome da organização e, para isso, tem que estar consciente do objetivo a ser atingido com uma determinada informação, além de dominar plenamente o seu conteúdo.

Portanto, para que a liderança aconteça alinhada com os objetivos globais da empresa, os gestores precisam ter acesso a um alto e qualificado nível de informação, oriundo da parte superior da pirâmide organizacional.

Em segundo lugar, é preciso lembrar que um canal de comunicação tem que ser neutro e um ser humano jamais é neutro. Dependendo do seu grau de motivação e de envolvimento com a empresa, a informação sofrerá variações positivas ou negativas.

Mesmo que uma informação seja repassada com o seu conteúdo literal, o comportamento do gestor, ao transferi-la, pode fazer que o público interno tenha uma percepção negativa do assunto. Isso acontece porque uma mesma informação pode ser transmitida associada a expressões de alegria, medo, insegurança, ironia ou autoridade, determinando a forma como será percebida pelo público interno.

A verdade é que nem todas as pessoas que exercem funções de chefia estão preparadas para assumir um alto nível de responsabilidade em relação à informação que recebem ou constroem e que devem repassar para a sua equipe.

Nesse contexto, não existem dúvidas quanto ao fato de que as lideranças precisam ser treinadas para serem agentes de comunicação da empresa na qual trabalham, intermediando informações entre a direção e a base.

O treinamento, por sua vez, precisa incluir uma série de fatores, entre eles o entendimento sobre como a informação deve se processar internamente dentro da empresa e quais as técnicas e estratégias que podem ser utilizadas para fazê-la fluir de forma eficaz e motivadora.

Sem esse entendimento, a informação será repassada a partir do grau de conhecimento, motivação e encantamento do gestor em relação ao assunto.

Existem empresas que, além de sensibilizar, conscientizar e capacitar seus gestores nesse sentido, criam e produzem materiais informativos para apoiar esse processo, que servem de subsídio para o momento da transmissão como cartilhas, CDs e, até mesmo, *flip-charts* com o conteúdo a ser trabalhado.

São empresas que não possuem mais a ilusão de que um profissional, pelo simples fato de exercer um cargo de chefia, está preparado para ser um agente de comunicação. São empresas que investem no treinamento sistemático desses profissionais, certas de que o resultado será refletido nos níveis de qualidade e de produtividade do público interno.

Mais do que isso, as empresas acreditam na informação como a mais eficiente estratégia de aproximação com o funcionário e, no gestor, como um importante parceiro para que isso aconteça.

Tenho encontrado matérias, artigos e livros que dizem que um líder precisa ter: autodisciplina, energia, responsabilidade, carisma, tolerância ao estresse, poder de síntese, capacidade de assumir riscos, conhecimento, capacidade de aprender, de desaprender, que um líder precisa saber delegar, falar, ouvir, enfim, se comunicar.

Tenho encontrado, também, textos, matérias e artigos que dizem que um líder deve ser sensível, eficiente, determinado, automotivado, tolerante, criativo, dinâmico e objetivo.

Entretanto, todos nós sabemos que uma pessoa jamais conseguirá ter todas essas características ao mesmo tempo.

Por isso a importância de abandonarmos o paradigma da liderança heroica, do líder que tudo sabe e tudo pode, para assumirmos a liderança real, aquela construída diariamente a partir do comportamento, do conhecimento e, principalmente, do relacionamento.

Ocorre que antes de ser resultado, um líder é uma pessoa. E o resultado vem exatamente daí. Até porque um líder não nasce líder, assim como um publicitário não nasce criativo, apesar da liderança e da criatividade serem consideradas traços de personalidade.

A personalidade, invariavelmente, tem um componente genético e ambiental. Muito do que somos depende das relações que tivemos desde a infância. Essas relações nos tornam pessoas com características de liderança ou de criatividade. A decisão ou a necessidade de desenvolvermos essas características depende do rumo que toma a nossa vida.

Muitas pessoas possuem potencial de liderança ou potencial criativo, mas não necessariamente o desenvolvem.

> **❝ A liderança pode ser modificada, ampliada, desenvolvida e até mesmo anulada através de treinamento ou apoio psicológico. ❞**

Mas, normalmente, ela é desenvolvida por força da necessidade quando, de uma hora para outra, a pessoa se vê diante do desafio de liderar uma área, gerenciar processos ou programas e responsabilizar-se pela atuação de uma equipe.

Portanto, todos somos originalmente líderes e temos a condição (ou não) e a necessidade (ou não) de desenvolver esse lado da personalidade.

Li em algum lugar que entre os lobos, todos são líderes, mas assume realmente a liderança aquele que se impõe pela força.

Fazendo uma analogia, podemos dizer que entre os homens acontece o mesmo, pois hoje a disponibilidade da informação é tanta que dificilmente um profissional, ao desenvolver-se em sua carreira, não se depara com treinamento e apoio psicológico para desenvolver características de liderança.

Mas, se em função da informação ter se tornado um *commoditie*, os profissionais acabam tendo, de alguma forma, características relacionadas com liderança, assume o papel de líder aquele que se impõe pela inteligência e, principalmente, pelo comportamento.

Compromisso é, provavelmente, o comportamento mais importante de todos. E por compromisso entende-se o comprometimento com os compromissos feitos na vida. A pessoa que não está comprometida com o seu papel como líder terá sempre uma tendência muito forte de desistir de exercer a autoridade para passar a exercer o poder.

Existe uma diferença muito grande entre poder e autoridade. Poder é a faculdade de forçar ou coagir alguém a fazer a nossa vontade, por causa da nossa posição ou força, mesmo que a pessoa prefira não fazer. Já autoridade é a habilidade de levar as pessoas a fazerem de boa vontade o que queremos por causa da nossa influência pessoal.

> **❝ Líder é aquele que possui autoridade e não poder sobre os seus subordinados e existe treinamento para o desenvolvimento de habilidades que podem levar um líder a esse patamar. ❞**

As pessoas podem ser colocadas em determinados cargos porque são parentes e/ou amigas de alguém ou porque herdaram dinheiro ou poder. Isso não acontece com a autoridade. A autoridade diz respeito a quem o líder é como pessoa, seu caráter e a influência que estabelece sobre aqueles com quem convive.

Quanto à abertura para a mudança, é bem mais fácil para pessoas que estão numa posição de autoridade do que numa posição de poder. Pessoas que possuem poder não estão abertas à mudança, pois têm medo de perder a posição adquirida.

A mudança nos tira da zona de conforto e nos força a fazer as coisas de modo diferente, o que não é fácil para algumas pessoas. No momento em que nossas ideias são desafiadas, somos forçados a repensar nossa posição e isso é quase sempre desconfortável.

É por isso que, em vez de refletir sobre seus comportamentos e enfrentar a árdua tarefa de mudar seus paradigmas, muitos se contentam em permanecer para sempre paralisados na sua situação de poder.

Mudar é necessário, principalmente quando se deseja ser um grande líder e possuir autoridade sobre as pessoas. Mas para mudar não basta vontade, é preciso disciplina e paciência para esperar pelos resultados, já que estes estarão refletidos no outro. Mais do que isso, é preciso treinamento constante.

Temos clientes que treinam suas lideranças para a comunicação face a face anualmente, pois acreditam que devem estar sempre lembrando esses profissionais sobre o papel estratégico que possuem no processo da informação.

Quando participam pela primeira vez, é impressionante perceber que alguns líderes, até o momento do seminário, nunca haviam parado para pensar no seu papel de intermediários entre a direção e a base da empresa no que se refere ao repasse da informação.

Da mesma forma, é impressionante observar como, ao final do treinamento, todos se mostram mais confiantes e preparados para assumir o papel de comunicadores, principalmente porque passaram a entender as expectativas da empresa nesse sentido.

No contexto do treinamento, é importante que sejam trabalhados aspectos que tornam a comunicação direta realmente eficaz como:

- Conteúdo: até que ponto o líder entende a mensagem que envia e até que ponto o público interno entende a linguagem que está sendo utilizada.
- Estilo e linguagem corporal: falar baixo ou alto demais, gesticular ou não...
- Momento e local adequado: não repassar a informação fora de hora ou em local inadequado.
- Reações do público interno: observar como reage o público interno, adaptando a mensagem.

- Respeito à cultura da empresa: associar a mensagem à missão, visão, valores, princípios etc.
- Percepções e preconceitos: não rotular pessoas ou situações.
- *Feedback*: solicitar retornos ao final de uma conversa ou reunião.
- Meios complementares: complementar a mensagem com um e-mail, um cartaz no quadro de gestão à vista etc.
- Repetição da mensagem: repetir quantas vezes forem necessárias, pois o aprendizado também se dá pela repetição.

As lideranças, independente de nível, devem ser treinadas para repassar mensagens nítidas e diretas, específicas e não punitivas.

É preciso lembrar, também, que ao proporcionar o treinamento para a comunicação face a face, a empresa estará demonstrando aos seus líderes o quanto acredita na informação como fator de motivação.

Da mesma forma, o treinamento para a comunicação face a face é uma das formas de a empresa mostrar o quanto valoriza a informação como um fator de motivação.

Capítulo 20

Analisa de Medeiros Brum

Unificando comportamentos

Visão compartilhada. Este é o principal objetivo de um processo de comunicação e marketing interno.

Quando uma empresa consegue que todos os seus segmentos de público interno tenham a mesma visão sobre a empresa, sua gestão, seu mercado, seus produtos e serviços, seus processos internos, suas causas e suas responsabilidades, pode-se dizer que possui visão compartilhada.

Não compreender o que é a empresa, por que existe, como sobrevive, quais são seus objetivos, suas estratégias e resultados determina o não comprometimento.

A ausência de comprometimento pode ser o mais negativo de todos os sentimentos por parte do público interno, quando uma empresa deseja crescer e sobreviver no mercado em que atua.

As observações acima não deixam dúvidas quanto à importância de os empresários criarem em suas empresas programas internos tão completos em nível de informação e integração que nenhum empregado possa sentir-se fora do processo.

É maravilhoso quando observamos, nas empresas, um comportamento parecido entre pessoas. Em empresas de varejo, quando existe um padrão de atendimento, não importa por quem seremos atendidos, pois todos se comunicam conosco da mesma maneira.

> **A unificação do comportamento do público interno é um dos pontos máximos que se pode chegar através de um processo de endomarketing.**

Essa unificação pode ser determinada por uma série de fatores. Os mais importantes, no meu entender, são:

- **Postura interativa,** que significa sintonia entre empresa e empregados, com iniciativa no estabelecimento de contatos, manutenção de uma relação próxima e amigável, observação de reações e atenção entre as duas partes.
- **Transparência,** que trabalha a clareza na ação de comunicação interna através de mensagens objetivas e diretas, uso de uma linguagem clara e compreensível e preocupação com a correta assimilação.
- **Democracia,** que estimula a participação e o consenso através do compartilhamento de decisões e informações.
- **Foco,** que orienta as pessoas a lutarem por maiores e melhores resultados para a organização a partir da definição de metas a serem perseguidas, priorização de assuntos relevantes e de uma ampla visão sobre os contextos interno e externo da empresa.

Tenho dito que a empresa que conseguir chegar a esses resultados será menos máquina e mais sentimento, menos estrutura e mais ambiente, menos burocracia e mais processo.

Mais do que isso, será uma empresa capaz de unificar o comportamento do seu público interno, permitindo que cada pessoa que ingresse na equipe tenha condições de se alinhar a ela.

Capítulo 21

Analisa de Medeiros Brum

Vendendo a imagem para dentro

Quando começamos a trabalhar para uma empresa, sempre levantamos a percepção dos empregados sobre a sua imagem interna e externa. E o que temos encontrado pode ser exemplificado como nota cinco para a imagem interna e nota nove ou dez para a imagem externa.

O público interno é bem mais crítico em relação à imagem interna da empresa, enquanto a imagem externa, muitas vezes, está associada ao número de vezes em que a marca da empresa aparece na mídia.

É comum, em alguns grupos, as pessoas reclamarem de todos os processos e programas internos e, no final do encontro, quando questionados sobre o sentimento de pertencer à empresa, responderem com a palavra "orgulho".

O orgulho geralmente está relacionado ao tamanho da empresa e, principalmente, à força da marca no mercado.

No entanto, já nos deparamos com o fato de a imagem da empresa estar desassociada da imagem dos seus produtos e serviços na mente do empregado.

Já ouvimos: *a empresa na qual trabalho é conhecida e respeitada, mas não compro os seus produtos* ou *a empresa é grande e forte no mercado, mas o serviço que oferece é muito ruim.*

No setor de telefonia, por exemplo, encontramos muitas empresas que possuem linhas telefônicas de empresas concorrentes. O mesmo acontece em empresas que produzem carros ou calçados: as pessoas compram produtos de outras marcas, ou seja, de outras empresas.

Ocorre que não há como produzir ou vender com excelência aquilo no que não acreditamos. Esta é uma regra básica no mundo dos negócios.

Mais do que acreditar na empresa, as pessoas precisam acreditar nos seus produtos e serviços. É por isso que muitas empresas, antes de lançar produtos e serviços para o mercado, o fazem para o seu público interno.

Conheço uma montadora que, sempre que lança um novo carro, realiza campanhas internas tão sofisticadas quanto as campanha externas.

Uma das campanhas que acompanhei possuía uma ação de endomarketing que merece ser comentada:

- cada colaborador recebeu um vídeo contendo todas as características do novo carro, acompanhado de uma cartilha e de um questionário;
- o programa sugeria que o colaborador reunisse, na sua casa, dez amigos para assistirem ao vídeo;
- esses dez amigos deveriam ter o seu nome e o seu endereço completo colocado no verso do questionário;
- o questionário, por sua vez, deveria ser respondido pelo colaborador e seus dez amigos logo após assistir ao vídeo;
- o questionário respondido deveria ser colocado, pelo colaborador, em urnas para posterior sorteio;
- os colaboradores sorteados tinham o direito de convidar seus dez amigos para, num determinado dia e horário, visitar a empresa e realizar um test-drive no novo carro.

Com apenas uma ação de endomarketing, essa montadora conseguiu cumprir com os objetivos de:

- repassar aos colaboradores informações sobre o novo produto, garantindo a sua assimilação;
- fazer que o colaborador sentisse orgulho do novo carro no momento da apresentação do vídeo aos amigos;
- atingir diretamente um público de milhares de pessoas (dez vezes o seu público interno);
- montar um mailing de possíveis compradores para o carro; e
- permitir que um porcentual considerável de colaboradores, acompanhado dos seus amigos, realizasse o test-drive no carro.

O material dessa campanha era extremamente criativo, além de contar com peças diferenciadas e brindes. Os colaboradores dessa montadora certamente gostaram e participaram dessa ação.

Entretanto, uma ação como essa é capaz de mudar a percepção desses colaboradores em relação a salários, benefícios e incentivos da empresa?

Não. A percepção das pessoas sobre aspectos da sua relação de trabalho com a empresa somente pode ser mudada a partir de um bom processo de informação. O que pode ser produzido por campanhas como essa que foi citada é o tão desejado "orgulho de pertencer".

Quando falamos em vender a imagem da empresa para dentro, temos que levar em consideração que essa imagem, na mente do empregado, é dividida em duas: imagem interna (referente à relação de trabalho) e imagem externa (como ele acredita que a empresa é percebida pelo mercado).

Uma independe da outra. Uma pessoa pode adorar a empresa na qual trabalha e não concordar com a sua imagem de marca e, ao mesmo tempo, pode ter um relacionamento muito difícil com a empresa na qual trabalha e sentir orgulho pelo que ela representa em nível de mercado.

Capítulo 22

Analisa de Medeiros Brum

Xingar o funcionário é errado

Procurei uma palavra que me permitisse dar um título ao capítulo "X" e não encontrei.

Quando comentei sobre isso com a minha família, minha enteada, Érica, que na época possuía nove anos de idade e é uma das pessoas mais inteligentes que conheço, imediatamente disse: xingar o funcionário é errado. Estávamos todos dentro do carro, indo para uma festa de aniversário.

Valorizo muito as opiniões da minha filha Andressa e dos meus enteados Arthur e Érica, especialmente porque eles se encontram na pré--adolescência e na adolescência, fases em que a criatividade é intensificada pela quantidade de informação que recebem e pelo pouco compromisso que possuem com a assertividade.

Portanto, seria injusto não utilizar essa frase como título. Minha ideia é aproveitar para ratificar a opinião da Érica. Realmente, o público interno não deve ser xingado. Ocorreu-me, também, aproveitar esse título para falar sobre *feedback*, elogio e reconhecimento.

As lideranças, de uma forma geral, deparam-se diariamente com inúmeras situações em que, mais do que repassar informações, necessitam comunicar problemas e dar *feedbacks*, muitas vezes negativos.

Para a comunicação de situações problemáticas, o líder deve ser específico a fim de que as pessoas compreendam sobre o que ele está falando, mas sem críticas, caso contrário gerará comportamentos defensivos.

Para ser específico, o líder terá que:
- descrever o que era esperado, ou seja, o que deveria estar acontecendo ou o comportamento desejado;
- descrever o que observou e em que aspecto isso difere da sua expectativa; e
- perguntar o motivo pelo qual, na opinião das pessoas, o problema aconteceu.

Por fim, deve parar de falar para ouvir o que as pessoas têm a dizer, sempre valorizando a participação de cada um.

Muitas vezes, é tentador protelar o *feedback* negativo porque o líder sente-se desconfortável ao dá-lo. Mas o atraso reduz a clareza e a utilidade do *feedback*. Da mesma forma, amortecer a crítica com uma série de comentários iniciais também gera uma reação emocional negativa.

Infelizmente, muitas chefias não praticam o *feedback* constante, especialmente o *feedback* negativo constante. Eles vão acumulando sentimentos negativos até que estejam cada vez mais frustrados e pessimistas em sua visão sobre o empregado.

Existe, também, o líder que costuma dar o *feedback* com frequência, mas por não alertar o colaborador de que, naquele determinado momento, está recebendo um *feedback*, acaba não conseguindo alcançar o seu objetivo de retorno e de alerta sobre as potencialidades e dificuldades do seu subordinado.

Uma vez, ouvi o diretor de uma grande empresa dizer que, sempre que vai dar um *feedback* a alguém da sua equipe, costuma segurar a pessoa pelos ombros e dizer: "isto é um *feedback*". Para ele, isso é necessário em função da dificuldade que as pessoas têm de perceber que estão recebendo um retorno real.

Passando para o elogio, vale lembrar que elogiar significa expressar admiração, aprovação e louvor.

No contexto da liderança, um elogio sincero não exclui a crítica, mas a associação de um com o outro pode ser amplamente prejudicial no relacionamento com os empregados.

As lideranças, em geral, sabem que precisam proporcionar *feedbacks* positivos e elogios e muitos acreditam que o fazem dentro de uma quantidade aceitável.

Mas pergunte aos empregados se essa é a percepção deles. Normalmente não é. Assim como os líderes têm dificuldades em elogiar, as pessoas têm dificuldades em identificar um *feedback* positivo como um elogio.

Isso certamente acontece porque os líderes não conseguem resistir à tendência de adicionar um pequeno conselho ao elogio ou associá-lo a uma crítica.

Exemplos: *esse foi um dos melhores relatórios que você fez, entretanto, na página tal... ou o trabalho está ótimo, mas se você pudesse resumi-lo a uma única página... ou ainda parabéns, o trabalho ficou ótimo. Pena que você não atue sempre dessa forma.*

A intenção do líder pode ter sido de elogiar e, ao mesmo tempo, dar um pequeno "toque" para uma possível e futura melhoria, mas para o empregado soa como se aquele elogio fosse apenas um aquecimento para a crítica.

Por isso, o líder tem que ficar atento a essa associação que acaba por destruir o sentido positivo do elogio. Existem momentos para elogiar e existem momentos para correções e melhorias.

> **O elogio produz uma energia fantástica na pessoa. Após receber um elogio, ela passa a experimentar sua vida como algo milagroso e a acreditar na sua capacidade de fazer mais.**

Ao analisar a pesquisa de clima de um cliente da agência, chegamos à conclusão de que precisaríamos criar um mecanismo capaz de forçar as lideranças, consideradas rudes pelos seus subordinados, a praticar a técnica do elogio. Para isso, encontramos uma forma de corporificar o elogio e de medir a sua prática.

O programa teve tanto resultado para aquela empresa que passou a ser um dos "produtos" da nossa agência. Sempre que uma empresa necessita, sugerimos a implantação do Banco de Elogios.

O funcionamento desse banco acontece da seguinte forma:
- cada liderança recebe um talão de cheques com 100 folhas de elogio;
- cada vez que identifica em alguma pessoa, da sua equipe ou não, uma atitude ou trabalho que merece ser elogiado, o líder entrega a ela um cheque-elogio que diz o motivo do mesmo;
- no canhoto do talão de cheques, o líder preenche para quem e porque deu o cheque-elogio;
- cada empregado recebe uma carteira de plástico e, nela, vai guardando os elogios que recebe;
- no final do ano, os empregados que mais receberam elogios de cada Unidade viajam para participar de um evento com o presidente da empresa, recebem um presente e são distinguidos como "Campeões de Elogio".

Algumas empresas ainda acreditam que a grande forma de motivar seus empregados é dar a eles reconhecimento e recompensas como dinheiro, certificados e troféus.

Mas quando questiono o público interno das empresas em relação a isso, eles demonstram não ter a mesma percepção. Para o público interno, principalmente da base da pirâmide organizacional, o melhor reconhecimento do seu valor é ser chamado na sala da direção para receber um elogio verbal do presidente ou de um diretor.

Outra forma de reconhecimento, que para eles tem valor, é a seleção para uma nova atribuição ou tarefa desafiadora e importante. Resumindo, eles pensam da seguinte forma: *se o meu líder valoriza o meu trabalho, deve demonstrar isso me proporcionando trabalho de valor para fazer.*

> **66** Quando o líder seleciona profissionais da sua equipe para um trabalho ou papel importante e visível, está proporcionando a eles evidências de que realmente são apreciados. **99**

Especialistas em motivação destacam que as pessoas querem fazer um bom trabalho. O orgulho por algo bem feito é um dos motivadores mais poderosos que existe.

Entretanto, muitas vezes os líderes planejam ou gerenciam a tarefa de tal forma que se torna impossível, para as pessoas, acreditarem que estão fazendo um bom trabalho. Isso gera uma frustração nos empregados que leva à exaustão.

Os desafios são grandes motivadores quando os funcionários conseguem olhar para eles como oportunidades e não como problemas.

E o elogio, quando sincero e bem dado, é um elixir capaz de repor as forças de que as pessoas precisam para fazer ainda melhor na próxima vez em que forem desafiadas.

Quanto a programas de reconhecimento, esses podem acontecer em diversos níveis: por tempo de casa, pelo cumprimento de metas, pela representatividade, pela atuação e até mesmo pelo relacionamento interno.

> **❝ O ideal é que os programas de reconhecimento estejam associados a metas concretas. ❞**

Abaixo, um modelo de regulamento de um programa de reconhecimento realizado por uma empresa que estava passando por um processo de retomada de crescimento.

Agentes de construção

Justificativa

Todos os colaboradores da empresa são "agentes de construção", pois deles depende o sucesso desse movimento interno para a retomada do crescimento.

Entretanto, existem aqueles que se destacam por terem planejado, criado e colocado em prática ações concretas no sentido da construção, tanto em nível local (dentro da sua Unidade ou Área) quanto em nível corporativo (gerando resultados para toda a empresa).

Objetivo

O Programa de Reconhecimento: Agentes de Construção tem como objetivo distinguir os colaboradores que, através do seu trabalho, estão provocando mudanças positivas capazes de contribuir para a retomada do crescimento da empresa.

Serão premiados casos em que o colaborador tenha conseguido melhorar processos, diminuir custos e aumentar índices de produtividade e de qualidade a partir da sua proatividade.

Público ao qual se destina

O "Agentes de Construção" é um programa de reconhecimento que se destina a todos os colaboradores da empresa, independente de unidade, área, cargo ou função, exceto gerentes e membros da diretoria da empresa.

Regulamento

1. DO OBJETO

O Programa de Reconhecimento: Agentes de Construção tem como objetivo distinguir os colaboradores que, através do seu trabalho, estão provocando mudanças positivas capazes de contribuir para a retomada do crescimento da empresa.

Será premiada a mudança ou a ação adotada pelo colaborador no sentido de melhorar processos, diminuir custos e/ou aumentar índices de produtividade e de qualidade.

Essas mudanças ou ações deverão ser relatadas pelo seu(sua) autor(a).

2. DAS INSCRIÇÕES

As inscrições deverão ser feitas sempre até o dia 5 de cada mês, através da entrega ou envio do formulário para a área corporativa de Recursos Humanos da empresa.

Esses formulários estarão disponíveis nas áreas de RH corporativo e das unidades.

3. DOS FORMULÁRIOS

3.1. Os formulários terão até três páginas de tamanho A4 e deverão ser escritos à mão ou por meio de computador.

3.2. Cada relatório deverá conter:

a) na primeira página: a apresentação do problema (situação anterior à mudança) e suas características;

b) na segunda página: a estratégia utilizada e a solução encontrada (com o máximo de informações); e

c) na terceira página: os dados (fotos, números, relatórios etc.) que comprovam o retorno positivo da mudança ou ação adotada.

3.3. Um mesmo colaborador poderá apresentar apenas um relatório por edição. As edições serão bimestrais. Um mesmo colaborador poderá participar de todas edições desde que apresente diferentes ações.

3.4. Uma mesma ação somente poderá ser apresentada uma vez.

4. DO JULGAMENTO

4.1. O julgamento dos formulários será feito por uma Comissão composta por dois diretores, dois gerentes gerais e dois gerentes de área e um representante da área de Recursos Humanos da empresa.

4.2. A cada dois meses, até o dia 10, essa Comissão reunir-se-á para analisar os formulários entregues até o dia 5, escolhendo

os cinco que mais se destacaram, quando avaliados de acordo com os critérios abaixo:
a) visão e oportunidade;
b) importância e pertinência;
c) relação custo/benefício para a empresa;
d) resultados obtidos; e
e) contribuição para a retomada do crescimento da empresa.

4.3. Os cinco formulários distinguidos pela Comissão Julgadora serão apresentados ao presidente da empresa que escolherá apenas um, cujo(a) autor(a) será o Agente de Construção do mês.

4.4. As decisões da Comissão Julgadora e do presidente serão soberanas, não cabendo qualquer recurso ou impugnação. Eventuais dúvidas serão discutidas e examinadas pela mesma e, se necessário, contatado o responsável pela inscrição do trabalho e/ou seu superior imediato.

4.5. Os casos não previstos neste julgamento serão examinados pela diretoria da empresa em conjunto com a Comissão Julgadora.

5. DA PREMIAÇÃO

5.1. A comissão julgadora escolherá em cada edição os dez melhores trabalhos. Desses dez, serão escolhidos os cinco que mais se destacaram. E, desses cinco, o presidente escolherá o melhor.

5.1.1. Os 10 classificados ganharão como prêmio de participação um cupom cada para participar do sorteio de um carro, mais um boné personalizado da empresa, mais um brinde. No caso dos colaboradores da administração um pin e os colaboradores da produção uma braçadeira.

5.1.2. Os cinco colaboradores cujos relatórios forem distinguidos pela Comissão Julgadora receberão dois cupons para concorrer ao carro, mais uma camiseta com a marca da empresa, mais um kit de produtos da empresa.

5.1.3. O colaborador cujo relatório foi escolhido pelo Presidente da empresa receberá quatro cupons para concorrer ao carro, mais um ano de kit produtos da empresa, mais uma camiseta da empresa, mais um almoço com o presidente ou visita a uma unidade que escolher.

5.1.4. Ao receber cupons numerados para concorrer ao carro zero km, os colaboradores agraciados deverão colocá-los em urnas que estarão disponíveis na área de Recursos Humanos, tanto na Sede quanto nas Unidades da empresa. No final do ano, essas urnas serão reunidas para que seja sorteado o ganhador. Esse sorteio deverá acontecer na Sede da empresa com transmissão para todas as Unidades, sob a coordenação do presidente da empresa.

5.1.5. No final do ano, todos os colaboradores que tiverem seus trabalhos escolhidos pelo presidente serão indicados para o Troféu Excelência.

6. DAS DISPOSIÇÕES FINAIS

6.1. Os colaboradores que forem demitidos ou pedirem demissão da empresa estarão automaticamente fora da ação e, consequentemente, das premiações.

6.2. Ao participarem desse Programa de Reconhecimento, os candidatos concordam com a utilização gratuita do seu nome, voz, imagem e trabalho para a divulgação nos canais de comunicação interna da empresa.

Reconhecer significa "conhecer novamente", ou seja, distinguir aquele que já conhecemos com algo. Significa, também, admitir como certo, verdadeiro e legítimo.

O reconhecimento é uma das principais reclamações por parte do público interno, decorrente do fato de que as empresas estão completamente focadas em resultado, atuando num mercado altamente competitivo e, de alguma forma, sem tempo para se dedicarem a esse tema como deveriam.

Mais do que simplesmente informar, o endomarketing serve para disciplinar a direção e as lideranças das empresas para determinadas atitudes de aproximação que possam provocar maiores níveis de motivação no público interno.

Nesse contexto, a criação de programas de reconhecimento e de valorização de pessoas torna-se quase que imprescindível.

Afinal, a comunicação interna nada mais é do que um processo pelo qual sentimentos e ideias são transmitidos da empresa para o indivíduo, a fim de que ele se perceba como alguém importante e necessário.

Capítulo 23

Zelando pelas pessoas

Desde que resolvi me dedicar somente ao endomarketing, passei a ter certeza da minha missão: ajudar as empresas no relacionamento com o seu público interno.

E ao cumprir com a minha missão, acredito estar zelando por essas pessoas. São pessoas que não conheço e que talvez nunca venha a conhecer. Outras, com as quais já tive contato e pelas quais me encantei.

São pessoas que usam uniformes, e que conversam comigo sujas de óleo, mas com um sorriso no rosto e uma capacidade de automotivação invejável.

São pessoas que atuam na linha de frente, muitas vezes atrás de um balcão, e que enchem os olhos de lágrimas quando falam que estão ali de coração.

São pessoas que sentem, que amam, que arriscam, que acreditam...

São pessoas com as quais tenho muito em comum.

Pessoas como eu.

Analisa de Medeiros Brum
Verão de 2010.

Bibliografia

ALBRECHT, Karl. *Serviços internos*. Tradução A. T. Carneiro. São Paulo: Pioneira, 1994.

ALMEIDA, Nicole, LIBAERT, Thierry. *La communication interne de l'entreprise*, 3eme edition, Dunod, Paris, 2002.

BEKIN, Saul Faingaus. *Endomarketing*: como praticá-lo com sucesso. São Paulo: Makron Books, 2000.

CERQUEIRA, Wilson. *Endomarketing*: educação e cultura para a qualidade, 4 ed. Rio de Janeiro: Qualimark, 2005.

CHIAVENATO, Idalberto. *Gestão de Pessoas*. 2 ed. São Paulo: Campus, 2005.

GIL, Antônio Carlos. *Gestão de Pessoas*: um enfoque nos papéis profissionais. São Paulo: Atlas, 2001.

TACHIZAWA, Takeshy; FERREIRA, Victor Cláudio Paradeda; FORTUNA, Antonio Mello. *Gestão com pessoa*: uma abordagem aplicada às estratégias de negócios. 2 ed. Rio de Janeiro: FGV, 2001.

CONHEÇA AS NOSSAS MÍDIAS

www.twitter.com/integrare_bsnss
www.integrareeditora.com.br/blog
www.facebook.com/integrare

www.integrareeditora.com.br